U0541268

The Miracle of China
The New Symbiosis with the World

中国的奇迹
达成理解的必要性

[希腊]乔治·N.佐戈普鲁斯（George N. Tzogopoulos） 著

黎越乔 译

中国社会科学出版社

图书在版编目（CIP）数据

中国的奇迹：达成理解的必要性／（希）乔治·N. 佐戈普鲁斯著；黎越乔译 . —北京：中国社会科学出版社，2021.8

书名原文：The Miracle of China：The New Symbiosis with the World

ISBN 978-7-5203-9508-3

Ⅰ.①中⋯ Ⅱ.①乔⋯ ②黎⋯ Ⅲ.①政治—研究—中国 ②国际合作—区域经济合作—研究—中国、欧洲联盟 Ⅳ.①D6 ②F125.55

中国版本图书馆 CIP 数据核字（2021）第 270266 号

出 版 人	赵剑英
责任编辑	刘凯琳
责任校对	党旺旺
责任印制	王 超

出　　版	中国社会科学出版社
社　　址	北京鼓楼西大街甲 158 号
邮　　编	100720
网　　址	http://www.csspw.cn
发 行 部	010-84083685
门 市 部	010-84029450
经　　销	新华书店及其他书店
印刷装订	北京君升印刷有限公司
版　　次	2021 年 8 月第 1 版
印　　次	2021 年 8 月第 1 次印刷
开　　本	710×1000 1/16
印　　张	12.5
字　　数	121 千字
定　　价	78.00 元

凡购买中国社会科学出版社图书，如有质量问题请与本社营销中心联系调换
电话：010-84083683
版权所有　侵权必究

前　　言

　　近年来，尤其是中远海运集团①在希腊比雷埃夫斯港进行标志性部署之后，中希关系取得了令人瞩目的发展。如今，中国的投资范围进一步拓展，已经延伸到能源网络和伴随着"黄金签证"的住房购置。对于在全球航运市场中举足轻重的希腊航运业而言，多年来，中国无论是在运输业务和新航线的使用方面，还是在船艇建造方面一直是希腊优先的合作伙伴。最初的新鲜感褪去之后，希腊企业正努力以更务实的方式巩固自己的在华业务，但可能有些冒进。作为旅游市场，中国是一个巨大的潜在市场。两国高校和研究机构间的合作开辟了许多新的可能性。两国人民是各自灿烂文化传统的守护者，这样的历史自我意识构成了相互尊重的坚实基础。

　　但是，很显然，中希关系的流动性，特别是双边合作

---

① 中远海运集团全称中国远洋运输（集团）总公司。

的深度受到一些因素的影响，而希腊是无法单方面决定这些因素的。希腊作为欧盟、欧元区以及北约成员国不仅需要考虑中欧关系的大背景，还需要考虑其他成员国与中国发展双边关系的实际。这两者并不总是相符的。这种现象不仅存在于东南欧的核心地区和"17+1（中国—中东欧）合作"中，在整个欧盟中也时有出现，尤其是当事关几大强国之时。

至于欧盟，它必须格外谨慎和有洞察力地遵循中美关系在所有方面的走势：贸易、技术、投资、金融——当然，政治是重点，其中显然包括双边和国际安全问题。我们需要牢记一点，中国是联合国安理会常任理事国，在东南亚具有重大影响，在许多其他区域，特别是涉及国际纷争的区域，也具有重要影响，比如朝鲜、利比亚和西巴尔干。

希腊特别关注非洲大陆和国际海事法这两个领域，前者是由于其地理位置和历史联系，后者是由于有关海洋划界的一些悬而未决的重大议题。

对西方来说，中国一直以来就像一座"紫禁城"，总是带着神秘的光环，又好似一个"实验室"或一种大规模"产业"，在这里可以测试和应用异于西方的观念与模式，以及文化、发展和体制案例。西方的观念源自启蒙运动和犹太基督教传统，中国的观念则深受儒家思想和社会主义的影响。关于政治制度与经济发展之间的关系，西方有一套逻辑观念，中国则在某些方面持有不同观点。

当今世界瞬息万变，挑战层出不穷，第四次工业革命、人工智能、生物伦理和技术伦理、气候变化及可持续发展等都是人类需要面对的问题。在这样的背景下，通过制定并遵守规则、激烈但有序的竞争以及寻求比较优势，来加强在各个领域的合作，增进相互理解和尊重，确保在国际经济的框架下和谐共处，是国际社会的共同需求。

尽管每个成员国都有意改善自己与中国的贸易平衡，但中美关系独特的走势，使欧盟很难主导或根据自身经济规模参与到其中。欧元作为国际储备货币，与美元还有不小的差距。在中国持有的证券投资组合中，欧盟成员国的证券——即使是德国的——远远少于美国的。

在这种多方面的环境中，需要对中国宏伟的"一带一路"倡议及其在多个国家（其中不乏欧盟成员国，包括希腊）同时推行的金融和投资计划进行评估。中希关系蓬勃发展的那些领域并不涉及敏感的技术和安全问题，这是双边关系的优势，这一优势又进一步加深了两大文明古国之间的相互尊重。因此，在以互利互惠为原则、不断完善法律保障体系的基础上，双边关系仍有很大的发展空间。

对于任何一个想要——尤其是需要——形成结构化理论的人来说，对中国进行系统的研究是基础。信息碎片化的时代，假新闻大行其道。关于中国的公开言论充满了笼统而单调的说辞以及或正面或负面的刻板印象。中国的重要性和所担当的国际角色，其对西方、欧洲和希腊战略的影响，需要在研究来自多方的有效资料的基础上，进行冷静、谨慎和有理有据的评估。

乔治·佐戈普鲁斯为理解中国提供了一个简明但完整且有效的建议。这本书研究透彻，资料翔实，将大量数据与国际关系理论的科学工具结合在一起，并将它们以系统且清晰易懂的方式呈现出来。作者对中国非常了解，与中国研究机构有合作，但他所关注的不仅是中国。他还观察了国际政治和经济的方方面面，从而将中国放入国际环境及其矛盾里来研究。这使人们对中希关系及其前景得以有更完整、更平衡的看法。乔治·佐戈普鲁斯是一位出色的分析家，在他的研究领域说话很有分量，我想，本书足以证明这一点。

希腊前副总理兼财政部长
埃万耶洛斯·韦尼泽洛斯

目　　录

第一章　中国的复兴 ……………………………… 1
　　中国的特殊性 ……………………………………… 2
　　中华帝国 …………………………………………… 6
　　帝国时代的终结 …………………………………… 9
　　艰难的统一 ………………………………………… 12
　　中国对世界和平的贡献 …………………………… 16
　　中国共产党领导下的中国 ………………………… 17
　　对错误的认识 ……………………………………… 21
　　邓小平的智慧 ……………………………………… 23
　　共产党的耐力 ……………………………………… 27
　　新世界诞生 ………………………………………… 31
　　习近平的愿景 ……………………………………… 36
　　信任的建立 ………………………………………… 42

第二章　新丝绸之路 ……………………………… 46
　　源于古代 …………………………………………… 46

兴于当代 …………………………………… 49
　　动机 ………………………………………… 53
　　逐步成功 …………………………………… 57
　　争议 ………………………………………… 59
　　"债务陷阱论" ……………………………… 66
　　未来前景 …………………………………… 69

第三章　迈向中欧折中方案 ………………… 72
　　合作框架 …………………………………… 73
　　欧洲债务危机 ……………………………… 77
　　敞开的大门 ………………………………… 81
　　风险与机遇 ………………………………… 84
　　重新审视 …………………………………… 86
　　平衡 ………………………………………… 92
　　双边关系的现实主义 ……………………… 94
　　机遇 ………………………………………… 99

第四章　以希腊为例 ………………………… 102
　　历史背景 …………………………………… 102
　　比较的魔力 ………………………………… 105
　　通往和谐合作的道路 ……………………… 108
　　龙头项目 …………………………………… 114
　　比雷埃夫斯港务局的私有化 ……………… 119
　　新时代 ……………………………………… 123

同样是"一带一路" ………………………………… 126
　　习近平主席访问希腊 ………………………………… 128

第五章　国际关系的钟摆 …………………………… 133
　　有战争的风险吗？ …………………………………… 134
　　修昔底德陷阱 ………………………………………… 139
　　全球化进程 …………………………………………… 141
　　贸易战 ………………………………………………… 144
　　中国的开放 …………………………………………… 148
　　技术突破 ……………………………………………… 149
　　和谐的摇摆 …………………………………………… 155

第六章　中国与新冠肺炎疫情大流行 ……………… 158
　　新的大流行病 ………………………………………… 159
　　从"非典"到新冠肺炎疫情 ………………………… 163
　　中国的应对 …………………………………………… 169
　　帮助世界 ……………………………………………… 172
　　寻找多边主义 ………………………………………… 176
　　新的经济环境和"一带一路"倡议 ………………… 179
　　结束语：成功的决心 ………………………………… 186

第一章　中国的复兴

认识中国的过程就像是一次迷人的、跨学科的知识之旅。这一旅程没有止境。中国古代文化影响了整个人类，至今令人神往；中国当代文化蓬勃发展，令人瞩目。不仅如此，中国的外交和经济政策具有新兴大国的特点，其未来的荣耀尚无法定论。认识中国虽然是一次艰难的旅程，但我们可以通过分段的方式来对其进行简化。中国拥有14亿人口，幅员辽阔①，有许多少数民族群居的省份，地貌多样，北部和南部的气候也不同，地理位置上同14个国家接壤（这一数量居全球之最）。远观，它似乎遥不可及，神秘莫测，庞大冗杂；近看，它却向造访者展示了一个温暖、友好和人性化的形象，令人流连忘返。

---

① 关于中国的人口等信息详见世界银行网站2018年发布的有关图表。https://data.worldbank.org/indicator/SP.POP.TOTL? locations = CN; https://data.worldbank.org/indicator/AG.LND.TOTL.K2? locations = CN。

中国的奇迹——达成理解的必要性

在本书中，作者希望分享他在中国以及新丝绸之路沿线国家的经历。这些经历是其无尽的探索欲的源泉，也是学习和了解其历史、哲学并选择为之笔耕不辍的动力。英国前首相托尼·布莱尔（Tony Blair）在自传中枚举了他对中国的多次访问以分析其崛起的意义。他得出了如下结论："中国正以非凡的速度实行对外开放。它已然强大的经济和政治力量只是其未来发展成就的冰山一角。它的人民聪明、坚定，为自己的国家感到非常自豪……它的领导人有着直面挑战的魄力和不让中国重陷黑暗的决心。"① 虽然布莱尔的自传写于十年前，但如今看来仍然很有意义。这不足为奇。中国的发展和进步具有延续性。的确，即使是今天的领导层，仍然在许多原则上延续着数年前或数十年前，乃至数千年前的传统。

中国的特殊性

中国是人类文明的摇篮之一。来自云南省元谋地区的元谋人生活在距今 170 万年前。此外，被称为"北京人"的直立人，生活在 50 万年前，其化石出土于北京西南角的周口店。中国新石器时期的水稻种植是开创性的。中华文

---

① ［英］托尼·布莱尔（Tony Blair）：《旅程》，兰登书屋 2010 年版，第 677 页。

化的最早迹象可追溯到公元前8000—7000年浙江和广西两省的一种陶器艺术。由于地理位置相对偏僻，中国逐渐发展了自治文化。与其他文化（例如埃及和中东的文化）不同，中国文化的过去对其现代仍然至关重要。[1] 例如，公元前17—11世纪商朝的表意文字起源于本土。没有任何证据表明这种文字的发明是受国外的启发。现在的表意文字就是来自该时期，且没有发生根本性的变化。[2]

  中国古代文化折射出一种能经受时间考验的特殊性。人们很难确定中国历史的渊源。黄帝被很多中国人尊崇为开天辟地的第一位帝王，其在位时间可追溯到公元前2697—2598年。根据这一传说，当时中国似乎已经存在。换句话说，中华文明不是作为一个传统意义上的民族国家，而是作为一种自然现象在历史上出现。[3] 在西方文献中，"特殊性"的概念通常与美国有关。[4] 例如，西摩·马

---

[1] Maxwell Hearn, Wen Fong：《古代中国的艺术》，《大都会艺术博物馆公报》，https://www.metmuseum.org/pubs/bulletins/1/pdf/3258584.pdf.bannered.pdf，1973/1974年2号。

[2] ［英］伦纳德·伍利、路易·帕莱蒂主编：联合国教科文组织《人类史：文化起源——古代世界，公元前12世纪至公元5世纪》第2卷，特沃普洛斯-尼卡斯出版社1970年版，第771、813页。

[3] ［美］亨利·基辛格（Henry Kissinger）：《论中国》，企鹅出版社2012年版，第5页。

[4] ［美］罗伯特·辛格（Robert Singh）：《治理美国：一个分裂民主的政治》（Governing America：The Politics of a Divided Democracy），牛津大学出版社2003年版，第34页。

丁·利普塞特（S. Martin）的作品描绘了美国的成功，即推翻了殖民主义并成功地建立了自由民主制。但是，从中国人的角度来看，"独特性"与中国几千年来的持续存在及其文化储备是一致的。从历史的角度来看待中国的发展，你会发现这个国家具有克服危机和保持统一的能力。尽管曾屡次受到外族的入侵——他们被称为"蛮夷"，因为他们没有受过中华文化的熏陶——在公元前221年秦始皇称帝之前和之后，中国都没有从根本上被改造，甚至当"蛮夷"占统治地位时也选择将中国生活方式的元素融入自己的生活，而不是远离它们。它还保持了自己在地理上的中心位置，尽管不同时期有所波动。

中国古人的作品是年轻一代自信的源泉，也是全世界科学探索的源泉。早在公元前221年之前，中国古代天文学就已取得了进展。战国时期甘德和石申所著的书是最早记录行星、恒星的书。[①] 中国古代伟大的思想家不可胜数，在此只能举一些典型的例子。老子是道教的创始人也是《道德经》的作者，他于公元前6世纪发明了自己的"道"来解释宇宙的变化。不久后，孔子开创了儒家学说，这对于社会的稳定和道德价值观的建立有重要意义，《论语》更是流传千古。至于军事文化著作，能与《孙子兵法》相

[①] 许国彬、陈彦辉、许莲华：《中国文化精要：文化史，艺术，节日，仪式》，帕尔格雷夫·麦克米伦出版社2018年版，第147页。

提并论的恐怕只有普鲁士军事家克劳塞维茨的著作，但是后者的著作是在 2000 多年后撰写的。此外，提到中国古代文明，就不能不提四大发明：指南针、造纸术、火药和印刷术。

在过去的几个世纪中，陆上和海上贸易路线的逐步开放为中国与西方的交流提供了便利，并为知识的稳定发展和传播做出了贡献。古代丝绸之路框架下的往来将在下一章中介绍。公元 14 世纪之前中国以其创造力而著称，他们的发明通常先进于欧洲的那些文明。① 然而，在明清时期，闭关锁国政策开始实行。15 世纪初航海家郑和下西洋让当局者（明朝）对于开放感到不安而非受到鼓舞。随后，中国选择禁止海航任务，使其与外界隔绝。② 尽管 16 世纪以后生产力（主要是由于农业生产所致）有所增长，并为经济增长做出了贡献，但欧洲在文艺复兴时期已超过中国。正如诺曼·戴维斯所言，欧洲将像桑德罗·波提切利的《春》一样摇曳，成为振兴世界的新力量。③

科学技术的停滞，尤其是在 17 世纪末 18 世纪初的清

---

① 戴维·S. 兰德斯（David S. Landes）：《为什么是欧洲和西方？为什么不是中国？》，《经济观点期刊》2006 年第 20 卷第 2 期。

② 有关东方的衰落和西方的崛起的讨论，参阅瓦西里奥斯·马尔科吉尼斯《市场经济学与法治或从旁借鉴》，I. Sideris 出版社 2014 年版，第 21—42 页。

③ 诺曼·戴维斯（Norman Davies）：《欧洲史》，皮姆利科出版社 1997 年版，第 469 页。

朝时期，不仅勾起了历史学家的兴趣，也吸引了中国政府的关注。正如习近平主席本人所说："我一直在思考，为什么从明末清初开始，我国科技渐渐落伍了。"他认为主要原因是当时虽有人对西方科学技术很有兴趣，也学了不少，却并没有让这些知识对我国经济社会发展起什么作用，大多是坐而论道、禁中清谈。① 现如今中国大力投资于技术和创新，侧重于社会进步，而不是精英阶层获取没有实际用途的知识。以史为鉴是亚洲大国的普遍做法。

中华帝国

中国与世界其他地区地理上的"隔离"极大地影响了当时统治者的开放政策。在公元前221年以后的帝国时期，举国上下弥漫着一种优越感。每个皇帝都是所谓的"天选之子"，而良政是他的道德义务。因此，中国认为自己作为"中央王国"对其他民族来说是一个榜样。它不屑于强迫他人，并且认为"蛮夷"理应努力讨得皇帝的欢心，然后享受中华文化和生活方式。总的来说，大多数皇帝无意于扩张或侵略。除内战时期外，主要战略都是在中央权力下维持国家团结。一般来说，一个国家内部的繁荣与和谐

---

① 《习近平谈治国理政》第1卷，外文出版社2018年版，第124—125页。

会决定其与周边民族和国家的关系，有趣的是，在宋代，尽管海事技术不断进步，但中国还是实行了全面海禁，避免了不确定的军事冒险。①

其他帝国开疆扩土的意愿远甚于中国，后者认为自己是中华世界的中心，而那些帝国则渴望重塑亚洲的国际体系。② 这并不意味着整个帝国时期中国都没有为扩张领土而采取军事行动。这在国际文献中是公认的。③ 考虑到盎格鲁-撒克逊历史学家对于扩张案例的科学研究，我们每次评价战争时——尤其是元明清时期的战争④——都有必要评估其具体原因及其防御性或侵略性。这场公开讨论并不新鲜，而是始于第二次世界大战之前。早在1931年，《外交事务》杂志中的一篇文章就强调了中国的和平主义

---

① 约翰·金·费尔班克（John King Fairbank）、梅尔·高曼（Merle Goldman）：《中国新史》，哈佛大学出版社旗下贝尔纳普出版社2006年版，第93页。

② ［美］亨利·基辛格（Henry Kissinger）：《大外交》，利瓦尼出版社1995年版，第25页。

③ 张峰：《中国例外论在国际关系中的崛起》，《欧洲国际关系》2013年第19卷第2期；张峰：《中国历史中的儒家外交政策传统》，《中国国际政治》2015年第8卷第2期。

④ 爱德华·德雷尔（Edward L. Dreyer）：《明初中国：1355—1435年政治史》，斯坦福大学出版社1982年版，第303页；阿拉斯泰尔·伊恩·约翰斯顿（Alastair Iain Johnston）：《文化现实主义：中国历史中的战略文化与大战略》，普林斯顿大学出版社1995年版；彼得·珀杜（Peter C. Perdue）：《中国进军西方：清朝对中亚欧亚大陆的征服》，贝尔纳普出版社2005年版。

中国的奇迹——达成理解的必要性

倾向。但文中也明确提到，在必要时，中国人会勇敢地战斗。但是即使在这种情况下，他们也会试图耐心地以间接的方式去占据上风。①

除了前面已经提到的中国重要思想流派，例如道家和儒家，还有佛教和毛泽东思想也不提倡战争。唯一的例外是法家，但其影响力相对有限。② 中国没有宗教狂热主义和民族主义倾向，这进一步解释了为什么中国人不好战。另一个值得注意的因素是家庭对中国社会的重要性。③ 无特别原因就卷入与"蛮夷"的战争会使民众心生不满，因为父亲将被迫离开本需要他照顾的家庭成员，这必将危及一个家庭的正常生活以及父母与子女之间的关系。家庭关系在当今的中国仍然牢固保持着，但在许多西方国家却不容易理解，因为在西方国家，家庭很少是社会的核心。当然，在这方面希腊是非常能够理解中国的。

这个时候就有必要再看一下中华文化了。长城绵延 2 万多公里，始建于公元前 3 世纪，此后的多个朝代都有修建，被认为是建筑奇迹。同时，正如联合国教科文组织所解释的那样，它象征着中国渴望保护自己免受外部侵略并

---

① 约翰·马格鲁德（John Magruder）：《战士般的中国人》，《外交事务》1931 年第 9 卷第 3 期。

② 胡少华：《重新审视中国和平主义》，《亚洲事务》2006 年第 32 卷第 4 期。

③ 联合国教科文组织：《人类史》第 2 卷，第 894 页。

保持其文化不受"蛮夷"影响的愿望。① 长城在性质和功能上都具有防御性。防御性军事建设通常意味着一个脆弱或处于困境的国家面对外族势力的自我保护。在古代有侵略性的国家往往对强化战车和马匹更为感兴趣，墙壁则限制了他们的活动。② 长城展现了中国在早期防御系统领域的独创性和能力，并表达了自古以来中国都没有侵略扩张的欲望。

帝国时代的终结

到 18 世纪末，中国与欧洲以及逐渐与美国接触主要是通过商人、学者和传教士使团。对于中国来说，欧洲依然是一个相去甚远的"蛮夷"之地，因此没有必要确定其对皇帝的臣服程度。③ 但是，由于蒙古人和后来的满族人等的入主中原，中华帝国的威信已经开始受到损害，加之西方在科技上迅速发展，一切都开始发生变化。④ 工业革命爆发后，欧洲试图寻求新的方式来服务其在非洲和亚洲等

---

① 《长城》，https://whc.unesco.org/en/list/438/，2019 年。

② Jing Ai：《中国长城的历史》，Gangliu Wang、Aimee Yiran Wang 译，SCPG 出版社 2015 年版，第 10 页。

③ 艾瑞克·约翰·霍布斯鲍姆（E. J. Hobsbawm）：《资本的年代：1848—1875》，希腊国家银行教育机构出版社 1996 年版，第 81 页。

④ 戴维·S. 兰德斯（David S. Landes）：《国富国穷》，利特尔 & 布朗出版社 1998 年版，第 342 页。

其他大洲的利益。这就是殖民主义倾向的产生。

然而，到了 19 世纪，中华帝国开始认识到意在剥削自己的欧洲列强的力量。与之前不同，如果说之前的那些"蛮夷"更在意的是维护上层统治的稳定，那么西方列强则以建立自己的经济治理和商业合作体系为目标。① 中国的优越感自然动摇了。"蛮夷"没有表现出所要求的尊重。中华帝国无法抵御外敌入侵、阻止殖民主义，开始逐渐走向末路。这个历史时期被称为中国的屈辱世纪。

自 18 世纪以来一直在建立自己的帝国并具有殖民愿望的英国，在迫使中国适应前所未有的国际关系体系方面发挥了关键作用。对于英国而言，中华帝国的"保守"态度与自己的"进步"思想相冲突。② 实际上，英国想要获得更多进入中国市场的机会，而中国的内向性却对此造成了阻碍。由于中国的让步无法满足英国向外输出的要求，因而冲突在所难免。1839—1842 年和 1856—1860 年的两次鸦片战争使英国成为了中华帝国的利益掠夺者。中国被迫连续签署了多个丧权辱国的协议，失去对港口的控制，割让香港岛并支付赔偿金。一系列不平等条约加强了其他西方

---

① ［美］亨利·基辛格（Henry Kissinger）:《论中国》，企鹅出版社 2012 年版，第 34 页。

② 奥利维亚 L. E. 布莱辛（Olivia L. E. Blessing）:《中国哭泣：鸦片战争和中国被偷走的历史》，《藏品：博物馆和档案馆专业人士期刊》2015 年第 11 卷第 1 期。

国家的贸易和经济渗透。① 法国、美国和葡萄牙纷纷效仿英国。②

除了西方列强之外，俄国和日本也乘虚而入，欺辱被削弱的中国。前者通过成功地修改部分1689年中俄《尼布楚条约》进行了军事部署并提出了更多要求,③ 包括在战时使用中国港口来对抗日本的侵略。④ 中国频频对俄国作出让步，认为俄国会对日本的扩张活动进行牵制，毕竟日本数百年来一直拒绝以中华帝国为中心的国际关系概念。然而，中国在1894—1895年的甲午中日战争中被日本击败，这对行将就木的中华帝国来说无疑又是沉重的一击。同时，它还标志着日本的崛起，随后几十年的历史也证明了这一点。⑤

---

① ［希］康斯坦丁诺斯·斯沃洛普洛斯：《国际社会组织：历史概述》，萨古拉出版社1996年版，第46页。

② 详见文章《对中国的开放（第二部分）：第二次鸦片战争、美国与天津条约，1857—1859》，https://2001—2009.state.gov/r/pa/ho/time/dwe/82012.htm，2019年。

③ 内维尔·麦克斯韦（Neville Maxwell）：《中俄边界冲突最终是如何解决的：从1689年尼布楚到1969年珍宝岛再到2005年符拉迪沃斯托克》，《亚洲批判研究》2007年第39卷第2期。

④ K. K. 卡瓦卡米（K. K. Kawakami）：《满洲的俄中冲突》，《外交事务》1928年第8卷第1期。

⑤ 关于1894—1895年的中日战争，参阅S. C. M. 潘恩（S. C. M. Paine）：《1894—1895年中日战争，认识，力量和首要地位》，剑桥大学出版社2010年版。

中国的奇迹——达成理解的必要性

19世纪，列强对亚洲的殖民野心和军事野心不断膨胀，最终将矛头指向中国，并最终如威尔·莱曼·施拉姆的草图那般从领土、财政和道德上"吞食"了这个国家。19世纪末20世纪初，中华民族发动"义和团运动"，受到了奥匈帝国、英国、法国、德国、美国、日本、意大利、荷兰和俄国等国的联合镇压。再一次的投降给清朝带来了更大的压力，也使其失去了光彩和许多中国人的信心。整个19世纪发生了多次起义，其中最重要的是1850—1864年的太平天国起义。[①] 内部动荡和对外种种屈辱降服都是中国最后一个朝代——清朝灭亡的原因。

艰难的统一

1911年，辛亥革命爆发，清朝统治开始瓦解，并于1912年终结。中国历史由此翻开新的篇章。此前由皇帝独揽大权来保证统一的方式受到质疑。骚乱、内部冲突以及持续的殖民主义使中国的后帝国时代显得动荡不安。中国历史上一个有趣的现象是，美国于1899—1900年提出对中国实行"门户开放"政策，即在整个中国范围内，列强都

---

① 谢丽尔·M. 劳伦斯（Cheryl M. Lawrence）：《L. 伍德侯爵眼中的太平天国叛乱》，《卫理公会史》2006年第44卷第4期。

有自由进行贸易的权利,并主张保持中国领土完整。① 美国副总统迈克·彭斯甚至在贸易战中特别提到了这项政策,以表明他的国家曾切实支持过中国。② 然而在中国,人们却不怎么怀念美国的这种经济方式。在更多的人看来,美国提出"门户开放"政策,只是为了服务于它自己的利益,是在没有足够的实力将中国发展成自己的殖民地的情况下,退而求其次的选择;而主张保持中国领土完整,不过是美国不希望中国受到瓜分从而影响自己在中国的利益罢了。③

第一次世界大战期间,中国山东省青岛港曾是英国和德国的战场。④ 中国主要通过向法国和英国派遣"劳工"来支持协约国。但是,从《凡尔赛条约》来看,西方列强依然把中国当做他们的傀儡,他们在条约中强加了他们所

---

① 《国务卿约翰·海伊与中国的"门户开放",1899—1900》,https://history.state.gov/milestones/1899—1900/hay-and-china,2019年。

② 美国副总统迈克·彭斯在哈德森研究所发表的有关美国对华政策的演讲,https://www.hudson.org/events/1610-vice-president-mike-pence-s-remarks-on-the-administration-s-policy-towards-china102018,2018年10月4日。

③ 岳斌:《美国对华"门户开放"政策的历史真相是什么?》,http://www.chinadaily.com.cn/a/201811/02/WS5bdc11dea310eff303286442.html,2018年11月2日。

④ 有关中国与第一次世界大战的观点,参阅徐国琦《中国与大战:寻求新的国家认同和国际化》,剑桥大学出版社2005年版。

中国的奇迹——达成理解的必要性

希望的条件，特别是不归还中国山东省。同时，日本日益增长的需求表明，即使西方列强不再能够维持自己的势力范围，它也有意殖民中国。"巴黎和会"上的外交失败直接引发1919年的"五四运动"，在此期间，大约3000名中国学生（其中大部分来自北京大学）聚集在天安门广场抗议。① 2019年是该运动100周年，中国政府鼓励对该运动进行更多的历史研究，这或将有助于习近平主席关于"民族复兴"的愿景——这一点下文将展开介绍。②

此后成立的中华民国最重要的政治力量是国民党，它最初由孙中山领导，后来由蒋介石领导。国民党统一中国的任务没有成功。从1928年起就一直致力于让中国在世界级的威斯特伐利亚体系中获得一席之地的蒋介石政府，不得不应对一心想在亚洲称霸的日本的侵略。③ 中国共产党成立于1921年，最初与国民党合作。但是，两党间的分歧导致分道扬镳。1931年，日本侵占了中国满洲的领土，在那里建立了伪满洲国，并于1937年入侵中国其他领土。尽

---

① 约翰·金·费尔班克（John King Fairbank）、梅尔·高曼（Merle Goldman）：《中国新史》，哈佛大学出版社旗下贝尔纳普出版社2006年版，第267页。

② 曹德胜：《习近平强调关于五四运动的研究》，http://www.chinadaily.com.cn/a/201904/22/WS5cbcf65aa3104842260b7636.html，2019年4月22日。

③ ［美］亨利·基辛格（Henry Kissinger）：《世界秩序》，企鹅出版社2015年版，第221页。

管国共两党之间有冲突，但 1937—1945 年的抗日战争是国共两党合作为中国争取民族解放的斗争。它的全面胜利可以说是一百年来中国第一次取得的对外战争的胜利。

日本侵华的基本口号是"杀光、烧光、抢光"。该口号在 1937 年南京大屠杀中得到了实际应用，30 万人为此丧生。中国现在努力让青年一代铭记这一大屠杀并纪念受害者。2014 年，习近平主席在南京大屠杀死难者国家公祭仪式上的讲话中说，任何人要否认南京大屠杀这一惨案，历史不会答应，① 2017 年是南京大屠杀 80 周年，习近平主席亲自出席了一系列纪念活动，其中包括参观《南京大屠杀史实展》。在整个抗日战争中，无论是国民党还是共产党都表现出了英勇的一面。中国的历史应正视并全面地看待那个特殊历史时期共产党、国民党、各民间团体和个人对抗日战争所做出的贡献，而现今有关档案的整理和编纂已在进行中。②

---

① 《习近平出席中国首个南京大屠杀死难者国家公祭仪式》，http://www.chinadaily.com.cn/china/2014-12/13/content_19078930.htm，2014 年 12 月 13 日。

② 《北京市启动抗日战争志编纂工作》，http://www.xinhuanet.com/english/2018-01/04/c_136871971.htm，2018 年 1 月 4 日。

中国的奇迹——达成理解的必要性

中国对世界和平的贡献

中国人对日本侵略的抵抗不仅是中国近代史的重要组成部分，也是第二次世界大战的重要组成部分。从西方的角度来看，中国对结束战争以及对和平的贡献当然不容忽视，但它可能没有得到应有的重视。中国可以说是一个被遗忘的盟友。[①] 通过直接与日本作战及向盟军提供军事支持，中国比英国早两年、比美国早四年卷入了第二次世界大战。1937—1945 年，超过 1400 万中国人丧生，1 亿中国人沦为难民，流离失所，基础设施建设和农业的损失无法估量。假设中国八年来没有抵抗日本，全球的发展会怎样？这个问题没人能回答。从 1940 年起，情况变得更加困难和复杂，因为《德意日三国同盟条约》规定，德意承认并尊重日本在"大东亚"建立新秩序的领导权。

在西方，中国在拯救许多犹太人方面扮演的角色不太为人所知。[②] 具体来说，上海成为大约 2.5 万名犹太难民的"避难所"，这些难民在 19 世纪 30 年代和 40 年代被迫

---

① ［英］拉娜·米特（Rana Mitter）：《中国，被遗忘的盟友》，哈考特出版社 2013 年版。

② 关于中以关系的历史维度，参阅［以］谢艾伦（Aron Shai）《中国人，犹太人，北京，耶路撒冷（1890—2018）》，罗伯塔·罗森伯格·法尔曼出版社 2019 年版。

逃离纳粹占领的欧洲。特别值得一提的是中国外交官何凤山的贡献。① 时任中国驻维也纳总领事的何凤山，试图通过向犹太人发放前往上海的签证来挽救他们的生命。实际上，大多数犹太人都是从意大利乘船或穿越苏联前往上海的。但最重要的是，这位中国外交官给他们带来了希望，因为他们将上海视为万不得已的避风港。2001年，以色列政府授予何凤山"国际正义人士"称号。现如今，中国对世界的全面了解不断深入，许多中国大学都在进行犹太研究，对犹太人大屠杀的系统研究不仅事关历史记忆，而且对于青年一代的教育也有重要意义。② 毕竟，中国也曾遭受过类似的大屠杀，即日本人制造的南京大屠杀。

中国共产党领导下的中国

在抗日战争胜利、第二次世界大战结束后，中国的统一之路依然不容乐观。由于抗日战争而一度消散了几分的内战乌云，又重新笼罩在这片千疮百孔的土地上。从一开始，国民党和共产党之间关于组建联合政府的谈判就是极

---

① 何凤山：《外交生涯四十年》，多兰斯出版社2010年版。
② ［希］乔治·佐戈普鲁斯（George N. Tzogopoulos）：《对于中以关系而言，历史同商业一样重要》，https://www.jpost.com/Opinion/History-as-important-as-business-for-Sino-Israeli-relations-570116，2018年10月23日。

其困难和复杂的。① 尽管受到美国的施压，国民党最初并不想失去其主导地位。国民政府是中国的合法政府，受到美国的承认，并于 1945 年 8 月被苏联承认。华盛顿和莫斯科分别在 1945 年和 1946 年看到了组建联合政府的前景。约瑟夫·斯大林甚至呼吁毛泽东与蒋介石进行谈判，以找到共同点。②

1946 年，美国政府派出乔治·马歇尔上将来华进行居中调解，这是来自国际上的调停中最重要的一次尝试，但没有取得成果。毛泽东并不信任美国，且担心美国可能会进行军事干预，继而控制整个亚洲，于是他设定了自己的路线。③ 苏联慢慢改变了原来的态度，转而支持社会主义在中国的胜利，并最终为之做了贡献。在政治哲学上，毛泽东相信中国传统文化和马克思主义的结合。他的思想在《新民主主义论》《论联合政府》中有所体现。此后，中国人民怀揣着统一的理想，开始了持久的战争。

中国第三次国内革命战争始于 1946 年，并于 1949 年结束。从理论上来说，国民党是占据优势的，但在腐败问

---

① Deng Ye：《抗日战争后期关于建立联合政府的提议与国共谈判》，《中国近代史》2013 年第 7 卷第 1 号。
② 卿斯美：《从盟友到敌人：中美关于现代化与文明特征的理念与中美外交（1945—1960）》，哈佛大学出版社 2007 年版，第 72 页。
③ [美] 约翰·刘易斯·加迪斯（John Lewis Gaddis）：《现在我们知道了：对冷战历史的再思考》，牛津大学出版社 1997 年版，第 64—66 页。

题的困扰下，国民党最终未能如预言那般取得胜利。毛泽东成功的最重要原因是广泛的民众支持，这一点从第二次世界大战以来就显而易见，并且他获得的民众支持逐步增加。① 中国共产党士气高昂，高歌猛进，1947年以后更是势不可挡，并在1949年获得了最终的胜利。从西方的角度来看，在冷战开始之际，即使美国从经济上和军事上加强国民党的实力，依然无法阻挡共产党胜利的脚步。1949年8月美国发布的白皮书解释说，华盛顿无法影响中国内战的结果，这只能由中国内部决定。② 中华人民共和国于1949年10月1日成立。随后，蒋介石及其部队逃到中国台湾。

中华人民共和国成立后，毛泽东首先需要面对的是战后的金融问题。为人民提供更好的生活水平、平抑物价、建设铁路等基础设施以及进行农村改革是重建家园的首要任务。生产资料的社会化转变使得各个经济领域的封建体制都逐渐被取代。初步的成果是积极的。1952年年底工业和农业生产比1949年增长了77.5%。③ 20世纪50年代，毛泽东的治理成就令人"印象深刻"，他的确为中国内地

---

① 《1949年的中国革命》，https://history.state.gov/milestones/1945—1952/chinese-rev（美国国务院历史文献办公室）。

② 参见《中国白皮书：1949年8月》第Ⅰ卷，斯坦福大学出版社。

③ 谢春涛：《历史的轨迹：中国共产党为什么能？》，新世界出版社2012年版，第37页。

在20世纪的首次统一做出了贡献。①

在国际政治层面上,尽管挑战重重,但中国重新崛起为强国势在必行。当时中华人民共和国在联合国安理会没有席位,在20世纪70年代初之前,台湾当局一直把持着该席位。而且,中美的政治关系和贸易关系长期处于隔绝状态,由于美国承认台湾,中美并没有建立外交关系。此外,中苏关系也十分复杂。对于强大而团结的国家的出现,无论它是不是社会主义国家,俄罗斯向来都保持警惕。铁托统治下的前南斯拉夫影响了斯大林的路线,斯大林对那些他无法控制的共产主义国家持警惕态度。但是,随着信心的增强,中国并不愿意接受苏联的条件,例如,20世纪50年代苏联提出要和中国建立联合舰队,但被中国拒绝了。

随着冷战在亚洲的展开,朝鲜半岛成为第一个主要战场。在那里,新中国展示了它的力量。1950年10月,美国五星上将道格拉斯·麦克阿瑟打着联合国的旗帜率领美军越过三八线并占领平壤,中国决定介入朝鲜战争。② 中国军队进入朝鲜并迫使联合国军撤退,甚至暂时占领了汉城,直到三八线最终被确定为朝鲜与韩国的边界。在苏联

---

① [美] A. D. 鲍大可(A. Doak Barnett):《毛泽东去世后十年》,《外交事务》1986年第26卷第1号。
② 菲利普·詹金斯(Philp Jenkins):《美国历史》,帕尔格雷夫·麦克米伦出版社2003年版,第235页。

并不想在军事上介入朝鲜半岛的情况下，中国用实践证明，它在没有苏联参与的情况下也是能够成功进行军事行动的，在以后的道路上，即使没有苏联的帮助，它也能在其他领域取得成功，无论是在经济事务上，还是在技术进步上。双方之间的分歧——很大程度上是意识形态上的分歧——很快就演变成了严重的紧张局势，最终使双方在20世纪50年代末和60年代初关系破裂，甚至于1969年在两国边界上进行了武装对抗。

对错误的认识

到20世纪50年代末，毛泽东的对国内与对国外政策都产生了积极的影响。但是之后，从1958年到1976年"文化大革命"结束的这近20年中，内部战线不可避免地发生了重大失误。尽管中国从1953—1957年的第一个五年计划取得了丰硕的成果，但之后的"大跃进"计划，提出了让中国通过快速实现工业化在短时间赶超世界先进经济体的不切实际的目标。但是，中国还没有为这种跃进做好准备，它无法模仿美国和英国等西方国家的发展模式——这些国家尚且达不到这样的速度。此外，中国共产党没有仔细研究数据就匆忙地采取了行动，没有在农业生产和工业发展之间找到平衡。从1959—1961年，许多中国公民经历了严重的饥荒。自然灾害等让农业更是雪上加霜。

中国的奇迹——达成理解的必要性

"大跃进"对中国政府来说是一个沉痛的教训。1962年，毛泽东对其在实施这一经济政策的过程中直接和间接的错误承担了责任。①其中最重要的也许是他没有表现出耐心，而耐心通常对中国领导人来说是非常重要的。前文提到的第一个五年计划称必要的工业化和经济社会化是"一项艰巨的壮举，将需要较长的时间"。② 1962年后，经济形势趋于稳定，但四年后开始的"文化大革命"使中国陷入了自1949年成立以来最严重的内部危机。1978年后的国家经济奇迹总设计师邓小平将"文化大革命"称为"真正的灾难"。③

但20世纪60年代中国也取得了一些显著的发展，例如石油的生产和利用科学加强国防。1964年，中国成功试爆了第一枚原子弹，三年后又成功试爆了第一枚氢弹。在那些年里，中国在与苏联交恶后改变了外交政策的方向，开始寻求新的合作关系。北京方面和华盛顿方面都视莫斯

---

① 毛泽东说："主要负责人应该是我。"他的有关演讲摘录详见：[英] 菲利普·肖特（Philip Short）：《毛泽东：创造中国的人》，I. B. Tauris 出版社2017年版，第507页。

② 菲利普·L. 布里奇汉姆（Philip L. Bridgham）：《共产主义中国国内危机》，美国中央情报局文件，https://www.cia.gov/library/readingroom/docs/polo-10.pdf，1964年7月31日，第i-ii页。

③ 《邓小平文选》第3卷（1982—1992），外文出版社1994年版，第225页。

科为最大的威胁，这推动了两个国家走到一起。① 1971 年亨利·基辛格的秘密访华为两国关系的破冰打下了基础。之后，中国在联合国安理会常任理事国的席位得以恢复——此前这个位置一直由台湾当局占据；中美关系得以恢复，创造了在经贸领域的合作前景，以及在第三世界牵制苏联的合作前景。

邓小平的智慧

毛泽东于 1976 年 9 月逝世。他的去世结束了新中国历史的第一章。他的继任者非常难当。首先，两人的经济思想是冲突的。邓小平成功地让中国人民相信，中国更需要的是发展经济，而不是一味地强调阶级斗争。1978 年邓小平提出的关于经济增长和对外开放的理论为共产党树立了开创性的、与苏联截然不同的路线。对邓小平来说，资本主义制度不是市场经济繁荣的先决条件，因为在社会主义制度下市场经济也是可以繁荣的。因此，将自由经济的手段引入社会主义制度将有助于通过生产力的发展来对其进行改善。这并不意味着制度开始向资本主义转变。②

中国共产党的现代化以及社会主义与对外开放的结合

---

① ［美］亨利·基辛格（Henry Kissinger）：《美国需要外交政策吗？21 世纪的外交》，自由出版社 2002 年版，第 139—140 页。
② 《邓小平文选》第 2 卷，外文出版社 1994 年版。

只有随着时间的推移才能取得进展——事实上也的确如此。耐心的传统魅力在政策管理中再次显现出来。但是前路依然困难重重。那时的中国正饱受着贫困的折磨，1978年的贫困农民人数达到了 2.5 亿，[①] 这还不包括城市地区的贫困农民数。邓小平知道中国人口中大约有 80% 是农民，因此他致力于纠正农业与工业之间的不平衡。英国前驻华大使理查德·埃文斯爵士说，中国的这位改革家的成功在于他决定从农业领域的改革开始。随着改革的推进，食品和工业原料开始变得充裕，为城市创造了有利的变革条件。邓小平还通过逐步控制价格避免了恶性通货膨胀和生活水平的直接下降。[②]

随着农业领域的改革，邓小平选择减轻中央政府做出所有经济决策的负担。中央赋予了地方政府更多的权力，地方政府则给当地居民发展提供了动力并构成了每个省的整体经济效益。1978 年以后，中国进行了对国有企业的改革，改革后的国有企业以营利为目的，这之前在苏联是闻所未闻的。如果经营不善，甚至可能破产。[③] 在这样的背

[①] 胡鞍钢、胡琳琳、常志霄：《中国经济增长与减少贫困（1978—2004）》，国际货币基金组织研究报告，https://www.imf.org/external/np/apd/seminars//Newdelhi/angang.pdf，2003 年。

[②] [英] 理查德·埃文斯（Richard Evans）：《邓小平与现代中国的塑造》，维京出版社 1994 年版。

[③] 谢春涛：《历史的轨迹：中国共产党为什么能?》，新世界出版社 2012 年版，第 107—108 页。

景下，私人公司也开始成立。1990年，中国政府批准了上海和深圳两个证券交易所的运营。1994年，高盛成为第一家获准在上海证券交易所交易中国B股股票的美国投资银行。①

对于这位改变中国经济路线的领导人来说，最大的挑战或许是在实践中证明他关于对外开放的理论是正确的，并获得党和人民的信任。为此，他决定在中国东南部的不同地区进行试验，并探索通过经济特区吸引外国投资和促进贸易的可行性。如果在地方试验的结果令人鼓舞，那么这一政策将推广至更多的地区。于是，对外开放政策从中国部分地区率先开始实施，并逐渐扩大范围，为中国发展成为经济大国奠定了基础。如图1-1所示，中国经济在长达40多年的时间里一直保持着高速增长，其中绝大多数年份的增长率都是两位数，只有1989年和1990年由于冷战结束带来的不确定性增长率降至4%左右。与此同时，中国的GDP从1980年的1919.4亿美元一路跃升，1990年达到3608.5亿美元，2000年达到1.21万亿美元，2010年达到6万亿美元，2018年达到13.6万亿美元。更重要的是，自改革开放政策开始以来，中国的GDP在全球GDP中的占比一直稳定增长（表1-1）。

---

① 《1990年上海证券交易所重新开市》，https://www.goldmansachs.com/our-firm/history/moments/1990-shanghai-stock-exchange-reopens.html，2019年。

中国的奇迹——达成理解的必要性

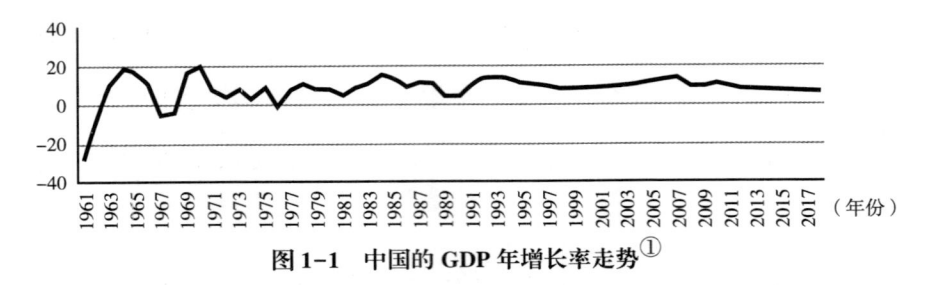

图 1-1　中国的 GDP 年增长率走势[①]

表 1-1　1980—2018 年中国 GDP、全球 GDP 及中国 GDP 占全球的比重

年份	中国 GDP	全球 GDP	中国 GDP 占全球比重（%）
1980	1919.4 亿美元	11.219 万亿美元	1.7
1985	3094.8 亿美元	12.797 万亿美元	2.41
1990	3608.5 亿美元	22.603 万亿美元	1.59
1995	7345.4 亿美元	30.865 万亿美元	2.37
2000	1.211 万亿美元	33.582 万亿美元	3.6
2005	2.286 万亿美元	47.459 万亿美元	4.81
2010	6.087 万亿美元	66.037 万亿美元	9.21
2015	11.016 万亿美元	75.002 万亿美元	14.68
2018	13.608 万亿美元	85.791 万亿美元	15.86

（数据来自世界银行，中国 GDP 占全球的比重由笔者计算）

1979 年开始，中国成功吸引到了外资，这些外资为中国的发展做出了重要贡献。国际货币基金组织统计的数据显示，从 1979 年到 2017 年，外商在华直接投资额达到 2.6 万亿美元。日本、新加坡、德国、韩国、美国和荷兰是最重要的投资国。[②] 自然，许多外资公司在中国的活动

---

① 数据来自世界银行，图表由笔者绘制。
② 《中国经济增长：历史、趋势、挑战以及对美国的启示》，美国国会科学委员会研究报告，https://fas.org/sgp/crs/row/RL33534.pdf，2019 年 6 月 25 日，第 17 页。

也增加了它与其他国家的贸易往来。① 中国的出口量从1979年的140亿美元增加到2018年的2.5万亿美元,进口量则从180亿美元增加到2.1万亿美元。②

在邓小平的指导下,中国充分利用了在海外留学的青年科学家的才能。中国呼吁他们回来,用他们在各个领域获得的专业知识报效祖国。邓小平还开展了扶贫工作,而正如我们看到的那样,这一工作仍在继续。根据世界银行的数据,生活在贫困线以下的中国人(在农村和城市地区)从1990年的7.518亿下降到2010年的1.496亿。③ 邓小平在1979年和1986年两次被《时代周刊》评选为年度人物。他是明智之举的策划者,他认为中国与西方的和谐合作以及将中国融入国际经济体系以促进其发展是很有必要的。中国逐渐成为各国际组织的成员,例如国际货币基金组织和世界银行。

共产党的耐力

邓小平倡导的社会主义市场经济使中国能够承受苏联

---

① 大卫·哈勒(David Hale)、利里克·休斯·哈勒(Hale Lyric Hughes):《中国腾飞》,《外交事务》2003年第82卷第6号。

② 大卫·哈勒(David Hale)、利里克·休斯·哈勒(Hale Lyric Hughes):《中国腾飞》,《外交事务》2003年第82卷第6号。

③ 贫困与公平数据门户网站,统计数据详见:http://povertydata.worldbank.org/poverty/country/CHN,2019年。

式共产主义垮台带来的冲击和彻底的重新洗牌。冷战的结束标志着美国开始垄断世界。美国的统治地位和苏联的失败导致新的秩序得以建立，其中前者享有无与伦比的经济和军事实力。弗朗西斯·福山写下了关于历史终结的著作。[①] 然而，就在苏联解体、欧洲社会主义国家开始艰难地转变为西方式的民主国家的同时，中国共产党却证明了自己的耐力。从美国的角度来看，邓小平的改革议程里应当包括逐渐接受西方的民主价值观，但是，中国仍然忠于自己的治理模式。

中国惊人的经济增长需要体现到人们的实际生活中，如此中国公民才能继续信任他们的政府。换句话说，对于一个面临着严重贫困问题的发展中国家来说，提高人们的收入、改善人们的生活条件是非常有必要的。中国真的做到了。以制造业为例，制造业的月平均工资从1990年的55.4美元增加到了1995年的71.7美元，2000年的111.3美元以及2005年的187.4美元。[②] 这种趋势在1978年已经开始出现，并越来越明显。此外，包括彩电、洗衣机、冰

---

① ［美］弗朗西斯·福山（Francis Fukuyama）：《历史的终结及最后之人》，中国社会科学出版社2003年版。

② Dennis Tao Yang、Vivian Weijia Chen、Ryan Monarch：《工资上涨：中国失去了全球劳动力优势吗？》，《太平洋经济评论》2010年第15卷第4号。

第一章 中国的复兴

箱和空调在内的各种商品，也开始进入中国公民的日常生活。①

1993年，江泽民当选为新的国家主席。同年，社会主义市场经济被写进中国的宪法。尽管一些分析学家在评论时甚至用到了"泡沫"一类的字眼，②但邓小平的经济理论有力地驳斥了他们，因为即使在他1997年去世后，他的理论依然具有强大的生命力。中国相对轻松地度过了亚洲金融危机这一难关。亚洲的动荡影响了中国的出口，但当时不能自由兑换的人民币以及中国吸引的具有长期性的直接外资保持了安全的运作。③中国开始寻求更加积极的区域和国际合作以应对此类风险，并已采取措施刺激内需。尽管已意识到在一个经济相互联系的环境中存在的外来风险，但中国依然支持全球化。④面对新的挑战，江泽民在2000年提出了"三个代表"理论，使党的政策与生产力、中国文化和马克思主义的发展以及中国人民的根本利益相适应。

---

① 大卫·哈勒（David Hale）、利里克·休斯·哈勒（Hale Lyric Hughes）：《中国腾飞》，《外交事务》2003年第82卷第6号。

② Richard Hornik：《捅破中国的泡沫：混乱的王国?》，《外交事务》1994年第73卷第3号。

③ Wang Hongying：《亚洲金融危机与中国的金融改革》，《太平洋评论》第12卷第4号。

④ 郑必坚：《中国和平崛起至大国地位》，《外交事务》2005年第84卷第5号。

中国的奇迹——达成理解的必要性

2001年加入世界贸易组织可谓是中国经济增长的"拱顶石"。这种融合促进了改革的加强。2001年后出台的政策包括：放宽外国公司的经营条件，改善版权保护的法律框架，开放金融领域以及降低汽车等领域的进口关税。[①]坚持经济自由化进程使得参与中国国际贸易的私人企业和外国企业的数量增加了（图1-2）。

■ 国有企业　　■ 私人企业和外国企业

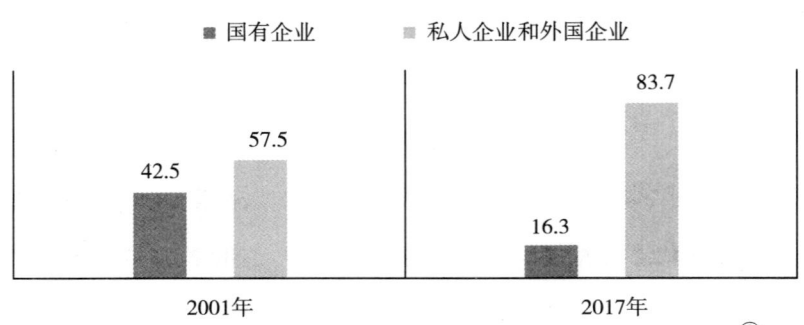

2001年：42.5　57.5
2017年：16.3　83.7

图1-2　国有企业、私人企业和外国企业在中国国际贸易中的占比[②]

1993年，尼古拉·克里斯托夫发表在《外交事务》上的文章预测，如果中国继续崛起，那么这将是21世纪最重要的发展。该文强调了中国武装力量的加强，并认为中国往这方面考虑是很正常的，此外，它还观察到亚太地区的权力真空。在南海问题、台湾问题和钓鱼岛问题这些有关中国领土领海主权问题上，中国表现出了服务于国家利益

---

① 《中国与世界贸易组织》白皮书，http://english.www.gov.cn/archive/white_paper/2018/06/28/content_281476201898696.htm，2018年6月28日。

② 数据来源：中国国家统计局。

的决心，然而却没有提出亚太版门罗主义。① 尼古拉·克里斯托夫的这一分析非常重要，因为这反映了中国在后冷战时代的想法，至少是在维护其在亚洲的利益这一方面的想法。毛泽东在加强国防上迈出了有力的第一步之后，中国已经连续四十年视之为头等大事。基于"一国两制"的原则，香港和澳门分别于1997年和1999年从英国和葡萄牙回归中国，这进一步激发了民族自豪感。

新世界诞生

中国变得日益强大，这得益于其快速的经济增长。国内外环境的稳定是经济持续增长的重要基石。在国内，2002年胡锦涛从江泽民的手中接过接力棒，继续有条不紊地建设小康社会。② 关于胡锦涛的这一目标，小布什总统在回忆录中描述了一个有趣的事件。当他问胡锦涛是什么令他晚上难以入眠时，胡锦涛回答说，让他晚上睡不着觉的，是如何每年新增2500万个工作岗位。③ 在胡锦涛任期

---

① Nicholas D. Kristoff：《中国的崛起》，《外交事务》1993年第72卷第5号。

② 《胡锦涛在中国共产党第十七次全国代表大会上的报告（全文）》，http://www.gov.cn/english/2007-10/24/content_785505.htm，2007年10月24日。

③ ［美］乔治·W. 布什（George W. Bush）：《决策点》，Virgin Books出版社2010年版，第427页。

内，北京方面意识到自己在科学和技术上仍落后于西方，于是采取措施促进创新。根据《国家中长期科学和技术发展规划纲要（2006—2020）》，到2020年，中国全社会研究开发投入占GDP的比例将达到2.5%以上，科技进步贡献率达到60%，对外技术依存度降低到30%以下。①

在国外，2001年9月11日的恐怖袭击改变了冷战结束后的第一个十年。随着中国在全球扮演的角色的分量不断加重，一个新世界将会诞生。美国在2003年对伊拉克发起的军事行动表明，如果不采取审慎的政治选择，它在国际舞台上的首要地位就会受到挑战。诚然，美国的军事和经济实力不容忽视，但就算一个国家的军事和经济实力超过其他国家，就像古雅典或古罗马那样，单方面行动是否能有效应对现代挑战？在美国的政治精英和舆论因"9·11事件"受伤的时候，美国的顶级教授们开始对此表示怀疑。②

在伊拉克战争之后，建立多极或无极世界的想法在国际关系中开始变得司空见惯。③ 但是，这种发展不是瞬间

---

① 《中国发布科学技术发展规划纲要》，http://www.gov.cn/english/2006-02/09/content_183426.htm，2006年2月9日。
② 约瑟夫·奈的著作《美国权力的悖论》是最具说明性的例子之一。[美]约瑟夫·S. 奈（Joseph S. Nye Jr.）：《美国权力的悖论：为何世界上唯一的超级大国不能单干》，牛津大学出版社2002年版。
③ 例如：[美]查尔斯·A. 库普钱（Charles A. Kupchan）：《没有主宰者的世界：即将到来的全球大转折》，牛津大学出版社2012年版。

的，而是一个极其复杂和漫长的过程。无论如何，美国主导世界发展方向的能力将继续构成国际关系的驱动力。中国承认这一点。从中国的角度来看，美国本来还可以继续领导世界多年，并有能力对其施加战略压力。[①] 伊拉克的动乱降低了那些相信用武力将民主输出到中东的人们的希望值，而与此同时，中国正默默地继续着其"和平崛起"或"和平发展"。胡锦涛主席和温家宝总理于2003年和2004年首次正式使用了这一术语。他们选择它是为了明确表明中国不会威胁其他国家，但会在世界舞台上寻求一个建设性角色。[②]

在"9·11事件"和伊拉克战争之后，中国坚持自己的五项外交政策原则，即和平共处五项原则，这些原则最早是在20世纪50年代制定的，它涉及互相尊重主权和领土完整、互不侵犯、互不干涉内政、平等互利、和平共处。中国长期以来一直强调着和平的益处、外交政策的多边层面以及联合国的重要性。2005年9月，胡锦涛主席在

[①] 王缉思：《中国寻求稳定的中美关系》，《外交事务》2005年第84卷第5号。

[②] 谢春涛：《历史的轨迹：中国共产党为什么能？》，新世界出版社2012年版，第328页；《温家宝总理哈佛演讲："把目光投向中国"（全文）》，http://www.fmprc.gov.cn/ce/ceun/eng/xw/t56090.htm，2003年12月10日；《胡锦涛在博鳌亚洲论坛2004年年会开幕式上的演讲（全文）》，http://english.boaoforum.org/document2004/11119.jhtml，2004年4月23日。

中国的奇迹——达成理解的必要性

纽约庆祝联合国成立 60 周年的讲话中谈道"世界多极化和经济全球化的趋势深入发展",有必要建设"一个持久和平、共同繁荣的和谐世界"。他认为应该放弃冷战思维,并谈到"建立新的安全共识"。[①]

中国的和平发展是与双边和多边层面的多元化国际活动相结合的。中国的持续开放所带来的经济机会、中国市场所提供的机会以及贸易往来的前景加强了中国与全球大多数国家的联系,包括亚洲、非洲、欧洲和拉丁美洲等地的国家。例如,北京方面和莫斯科方面克服了冷战时期的分歧,建立了牢固的友谊,尤其是在 2004 年两国达成了边界划界协议之后。中国的外交政策也与能源问题有关。[②] 为进口能源资源以满足其能源需求,北京方面制定了一项明智的战略,该战略将有助于其进口渠道多样化并与外国建立友好关系,即使这些国家彼此之间不那么和睦。通过这样的方式,从长远来看北京方面将不容易受到危机的影响,避免了对少数国家的依赖。例如 2014 年,中国的主要石油进口来源国的进口量占比分别为:沙特阿拉伯(16%)、安哥拉(13%)、俄罗斯(11%)、阿曼(10%)、

[①]《胡锦涛在联合国成立 60 周年首脑会议上的讲话》,https://www.un.org/webcast/summit2005/statements15/china050915eng.pdf,2005 年 9 月 15 日。

[②] [加拿大] David Zweig、Bi Jianhai:《中国搜寻全球能源》,《外交事务》2005 年第 84 卷第 5 号。

伊朗（9%）、伊拉克（9%）、委内瑞拉（4%）、阿联酋（4%）。①

中国通过各种形式参加区域安全工作，例如上海合作组织、中国—东盟合作机制、亚洲合作对话和亚洲相互协作与信任措施会议。同时，中国支持就朝鲜核计划等复杂问题进行多边谈判，并在亚欧会议（ASEM）和金砖国家峰会中发挥了积极作用。中国还在国际关系中寻求更多的民主。② 经济增长与外交政策是相辅相成的。通过参加抗击埃博拉、打击海盗等国际行动，以及不断助力全球经济，中国为世界作出了重要贡献，同时也希望所有的贡献获得更加公正客观的评价，并反映在全球治理的话语权中。为此，中国与其他发展中国家一道，开始谋求对全球治理进行广泛的改革，包括联合国、国际货币基金组织和世界贸易组织的运行机制。

2008年北京奥运会的成功举办彰显了中国的实力。但是就在这一年，以雷曼兄弟的破产为发端的国际金融危机却又引发了对中国政府的怀疑。这是继1997年之后中国第二次遭受外部事件的重创。其后果包括股市下跌、工作岗

---

① 美国能源信息署（EIA）关于中国的研究报告，https://www.eia.gov/beta/international/analysis_includes/countries_long/China/china.pdf，2015年5月14日。

② 《中国发布关于和平发展道路的白皮书》，http://www.china.org.cn/english/2005/Dec/152669.htm，2005年12月22日。

位减少、贸易往来缩减和房地产市场放缓。① 北京方面再次采取扩张性财政政策以促进国民经济。当然，金融危机也为中国提供了一个学习的机会。它为未来可能发生的类似情况吸取了经验教训，意识到自己现在具有通过购买美国债券和做其他投资来影响美国经济的能力，并逐渐测试了在贸易往来中更加广泛使用人民币的可行性，从而为将来人民币国际化埋下伏笔。

习近平的愿景

习近平自任职以来，给中国人民实现繁荣和民族自豪的梦想带来了希望。② 改革政策的连续性得以保持，这也是中共成功的秘诀之一。但是，他所面临的挑战之艰难，足以令人想起邓小平时代的那些挑战。面对这些挑战，习近平主席必须做出艰难而创新的决定，原因主要有二：第一，中国正在探索如何通过增强国民经济抵抗外来风险的能力以使其更好地满足社会需求。第二，中美关系已经进入了新的战略互疑阶段。2011年，在巴拉克·奥巴马总统的领导下，美国提出"转向亚洲"战略，计划在亚洲扩

---

① ［美］韦恩·M. 莫里森（Wayne M. Morrison）：《中国与国际金融危机：对美国可能的影响》，美国国会科学委员会研究报告，https://fas.org/sgp/crs/row/RS22984.pdf，2009年6月3日，第4页。

② 任晓驷：《中国梦：谁的梦？》，新世界出版社2013年版。

大其经济和军事影响力，① 这一选择预示着两国之间将展开激烈的竞争，悲观一点看，甚至可能发生难以预测的较量。

自邓小平时代以来，中国经济长期保持着两位数的增长速度，令世人瞩目。尽管过去几十年总体呈现出积极的态势，但中国工业产能过剩背后的环境成本很高。习近平政府将这一问题列为当务之急，并致力于改善环境。② 正如李克强总理在2014年说的那样，中国要"像对贫困宣战一样，坚决向污染宣战"。③ 中国的目标是在经济增长与环境保护之间取得平衡。新的战略包括改善法律框架、限制煤炭使用、推广新能源、关闭工厂、减少污染以及支持诸如《巴黎气候协定》等国际协议。到目前为止，中国在该问题上已经取得了重大进展，但是需要更多时间来将其彻底解决。2018年，世界卫生组织赞扬了中国迄今为止取

---

① 马克·E. 曼林（Mark E. Manyin）主编：《重返亚太？奥巴马政府的亚太再平衡战略》，美国国会科学委员会研究报告，https://fas.org/sgp/crs/natsec/R42448.pdf，2012年3月28日。

② Genia Kostka、张春满：《加强控制：习近平领导下的环境治理》，《环境政治》第27卷第5号。

③ 《中国总理：中国向污染宣战》，https://www.reuters.com/article/us-china-parliament-pollution/china-to-declare-war-on-pollution-premier-says-idUSBREA2405W20140305，2014年3月5日。

得的成就，并强调"距离赢得这场战争还有很长的路要走"。①

从2012年起，中国政府对发展质量的关注程度超过了对发展速度的关注。在过去，出口一直是中国经济增长的动力，但随着中国经济进入新常态，其对出口的依赖也开始减少，出口占GDP的比例从2008年的32.54%下降到2018年的19.51%。② 相反，家庭收入、购买力以及消费水平正在上升。根据世界银行的数据，中国的人均收入从2013年的7050美元增长到了2018年的9770美元。③ 中国的统计部门显示，中国居民人均消费支出从2013年的13220元增长到了2018年的19853元。④ 中国是世界上互联网用户数量最多的国家，用户数量超过7亿之巨。中国在教育、科研和创新方面进一步加大投入，并逐渐发展成

---

① 《世卫组织发布最新的全球空气质量报告：有进步，但需要更加注意避免高危空气污染》，https://www.who.int/china/home/02-05-2018-who-issues-latest-global-air-quality-report-some-progress-but-more-attention-needed-to-avoid-dangerously-high-levels-of-air-pollution，2018年9月19日。

② 详见世界银行网站2019年发布的中国出口在GDP中所占份额的数据，https://data.worldbank.org/indicator/NE.EXP.GNFS.ZS?locations=CN。

③ 详见世界银行网站2019年发布的中国人均收入数据，https://data.worldbank.org/indicator/NY.GDP.PCAP.CD?locations=CN。

④ 详见中国国家统计局2019年发布的关于中国居民人均消费支出的统计数据，http://data.stats.gov.cn/english/easyquery.htm?cn=C01。2019年8月1美元约折合人民币7元。

为科技大国。电子商务和企业的数字化运营助力中国经济成为全球领跑者之一。① 中国在人工智能领域的进步也同样不可小觑。② 这些成果在各个领域都十分引人注目，这其中也包括医学领域，因为人工智能可以帮助诊断疾病。③

中国经济增长模式的转变自然带来了一些冲击，这在2015年尤为明显。中国股市进入自我修复阶段，然而许多投资者仍深陷危机或蒙受损失。④ 中国经济增速放缓，降到6%—7%，这在国际上引发了不安——在一些分析家看来，其严重程度甚至不亚于2015年上半年希腊的经济危机。⑤ 然而，中国仍然坚定不移地按其计划发展，继续推动重工业（例如碳和钢铁）去产能，以及高科技公司（例如电动汽车）的增产。同时，中国还加强了对债务的监

---

① 《6个表格展示中国经济前景》，https://www.imf.org/en/News/Articles/2018/07/25/na072618-chinas-economic-outlook-in-six-charts，2018年7月26日。

② 威尔·奈特（Will Knight）：《中国人工智能的崛起：西方不应害怕中国的人工智能革命，而应效仿它》，https://www.technologyreview.com/s/609038/chinas-ai-awakening/，2017年10月10日。

③ Liang Huiying 等：《使用人工智能评估和准确诊断儿科疾病》，《自然医学》2019年第25卷。

④ 罗伯托·本迪尼（Roberto Bendini）：《例外措施：上海股市崩盘和中国经济的未来》，欧洲议会报告，http://www.europarl.europa.eu/RegData/etudes/IDAN/2015/549067/EXPO_IDA（2015）549067_EN.pdf，2015年9月。

⑤ 保罗·莫尼卡（Paul R. La Monica）：《与中国相比，希腊危机不值一提》，https://money.cnn.com/2015/07/06/investing/stocks-market-china-greece/，2015年7月7日。

控，特别是在省级层面和国有银行层面。尽管中国公共债务占 GDP 的比例仍然较低，但近年来已从 2012 年的 34.3% 上升到 2018 年的 50.5%。① 这就是中国政府对其进行监控的原因。

在以习近平为核心的中央政府领导下，中国正与贫困进行艰苦的斗争。生活在贫困线以下的中国人的数量从 2012 年的 1.378 亿逐年下降，2013 年为 1.154 亿，2014 年为 9830 万，2015 年为 7820 万，2016 年为 6200 万，2017 年为 4300 万。② 中国政府的战略目标很明确。它并没有将扶贫资金全部直接下拨，因为这些钱并不一定能全数进入需要帮助的人的口袋，这中间存在着被贪污的风险。③ 中国政府根据贫困人口的需求和能力对贫困人口进行分类，为他们提供量身定制的帮助。其目的是通过支持贫困人口在农业等领域的生产活动，来实现他们的自给自足。中国政府还大力支持国内旅游，让偏远地区从游客身上获得收入，并为年轻人提供专门的培训，使他们能够更轻松

---

① 详见国际货币基金组织网站上关于中国债务占 GDP 比例的数据，https://www.imf.org/external/datamapper/GGXWDG_NGDP@WEO/OEMDC/ADVEC/WEOWORLD/CHN，2019 年。
② 详见世界银行网站上关于中国每年生活在贫困线以下的公民人数的数据，http://povertydata.worldbank.org/poverty/country/CHN，2019 年。
③ 《习近平谈治国理政》第 2 卷，外文出版社 2017 年版，第 45 页。

第一章　中国的复兴

地找到工作。如果上述等方法依然无法解决问题，中国政府还会采取易地搬迁扶贫、为特殊人群（例如行动不便的人）提供固定的社会福利等方法来帮助贫困人口脱贫。[1]

回到对外政策问题上，当前中国政府的政策特点是对外开放，以及增强民族认同感意识加强。美国在欧亚大陆的势力或将出现空白，因为要在经济上和军事上保持存在感代价昂贵，并非易事。中国可以有条不紊地、系统地填补这一空白。[2] 正如我们将在下一章中看到的那样，他建议复兴古代丝绸之路。同时，中国参与了越来越多的国际组织行动，如打击恐怖主义和跨国犯罪。自邓小平时代以来，中国一直保持低调。但是，其持续增长的经济发展需要更多的主动性和更大的责任感，这使得中国受到的关注越来越多。现在，中国的声音正被越来越多的世人听见，这不仅体现在与邻国有关的问题（如朝鲜半岛无核化）上，还体现在诸如伊朗核计划等其他问题上。

近年来，中国毫不掩饰其捍卫自身根本利益的决心，如国家主权与安全、领土完整、台湾问题、政治制度以及

---

[1] 有关脱贫攻坚的讨论，详见《2018年北京人权论坛论文集——消除贫困：共建一个没有贫困、共同发展的人类命运共同体》，2018年9月18日至19日。

[2] Sun Yun：《西进：中国对美国再平衡战略的回应》，布鲁金斯学会网站分析文章，https://www.brookings.edu/blog/up-front/2013/01/31/march-west-chinas-response-to-the-u-s-rebalancing/，2013年1月31日。

经济和社会稳定。① 中国的军事战略包括空军、海军和陆军武装力量的重组与创新、对网络安全的重视以及不首先使用核武器的承诺。② 中国力求确保国家安全和社会发展，反对和遏制"台独"，打击"藏独"等分裂势力，并表示"南海诸岛、钓鱼岛及其附属岛屿是中国固有领土。中国在南海岛礁进行基础设施建设，部署必要的防御性力量，在东海钓鱼岛海域进行巡航，是依法行使国家主权"。③ 中美的口头对抗，尤其是在南海问题上，现在看起来已是司空见惯了。

信任的建立

对于中国来说，任何理论上的可能性都是潜在的危险。这就是为什么长期以来，中国的领导层会用长远的目光来看待中国的发展并制定战略，而不会急于做出简单的决定。21世纪初也不例外。这个时间段里国际环境对中国

---

① 《中国的和平发展》（白皮书），http://english.www.gov.cn/archive/white_paper/2014/09/09/content_281474986284646.htm，2011年9月6日。

② 《中国的军事战略》（白皮书），http://www.scio.gov.cn/ztk/dtzt/2015/32868/32871/Document/1435068/1435068.htm，2015年5月26日。

③ 《新时代的中国国防》（白皮书），http://english.scio.gov.cn/node_8013506.html，2019年7月。

第一章 中国的复兴

是有利的。确切地说，21世纪的前20年被视为"战略机遇期"。① 中国赢得了赌注，并用技术和创新两大武器来展望未来——这个未来将与习近平主席交织在一起。2018年，他的新时代中国特色社会主义思想被写入宪法。

中国为其治理体系感到自豪。政治稳定保证了在中国共产党领导下的团结与进步以及平等、法治和美德。② 早在哲学家索伦的时代，在一次哲学讨论中，当被问及"什么是最好的政权"时，索伦就表示这得视具体哪个民族、哪个时代而论。近年来，则有"阿拉伯之春"发生后的突尼斯，可以证实在具有不同文化和传统的国家实施西式民主的困难。对于政治，我们理应讨论的重点并非不同政治制度的比较，而是它们所处的国家在多极世界中的共存。因此，对中国历史的了解能帮助我们更好地理解今天的中国。

中西方对中国的治理体系持有不同的态度，但这并不意味着中国公民不信任他们的政府。③ 在中华帝国的历史中的很长一段时间里，政府官员的选拔是通过科举考试的

---

① 温家宝：《关于社会主义初级阶段的历史任务和我国对外政策的几个问题》，https://www.fmprc.gov.cn/ce/ceno/eng/dtxw/t301338.htm，2007年3月5日。
② 《习近平谈治国理政》第2卷，外文出版社2017年版，第119—135页。
③ 马丁·雅克（Martin Jacques）：《当中国统治世界》，中信出版社2010年版，第265页。

方式。"文革"结束后邓小平恢复了高考制度。皮尤研究中心（Pew Research Center）的数据显示，2007年中国公民对自己国家发展的满意程度为83%，2008年为86%，2009年和2010年为87%。① 乔治·华盛顿大学教授布鲁斯·迪克森（Bruce Dixon）曾与中国科学家就中国的观念问题进行过合作调研，他说，对于大多数中国人来说，民主是国家良好运作的代名词，是用来实现国家繁荣昌盛的目标以及服务国家需求的。绝大多数受访者表示，他们对中国的民主程度感到满意，而只有不到5%的人用美国的标准来定义民主。②

爱德曼（Edelman）发表的"2019年全球信任度晴雨表"显示，中国公民对本国政府、媒体、非政府组织和企业的信任程度为79%，这一比例超过世界上任何其他国家，而全球各国的平均比例仅有49%。③ 爱德曼在前几年

---

① 皮尤中心研究报告：《乐观的中国公众可能不会爆发一场"茉莉花革命"》，https://www.pewresearch.org/global/2011/03/31/upbeat-chinese-public-may-not-be-primed-for-a-jasmine-revolution/，2011年3月31日。

② ［美］布鲁斯·J. 迪克森（Bruce J. Dickson）：《中国有民主吗？中国人这样认为》，https://www.latimes.com/opinion/op-ed/la-oe-dickson-democracy-in-china-20160812-snap-story.html，2016年8月12日。

③ 参见"2019年爱德曼全球信任度晴雨表"，https://www.edelman.com/sites/g/files/aatuss191/files/2019-03/2019_Edelman_Trust_Barometer_Global_Report.pdf?utm_source=website&utm_medium=global_report&utm_campaign=downloads，2019年。

第一章 中国的复兴

也记录到了类似的趋势。显然,中国并非一切都完美,但是,其领导层愿意努力解决现有问题,这一点是被认可的。皮尤中心于2016年进行的一项调查显示,中国人民对国家主席亲自狠抓的反腐持乐观态度。[①] 中国正在发生变化,但它仍然自立自强,耐心十足且雄心勃勃。任何一位普通的访客都能感受到这一点。

[①] 皮尤中心研究报告:《中国公众:国家在全球扮演着更强大的角色,将美国列为最大威胁》,https://www.pewresearch.org/global/2016/10/05/chinese-public-sees-more-powerful-role-in-world-names-u-s-as-top-threat/,2016年10月5日。

第二章　新丝绸之路

中国的经济发展和对外政策的制定是选择和实施特定原则的结果。其连续性可以帮助我们分析中国领导层的思想，即使在现代也是如此。今天，大量学者将中国的政策与所谓的古代丝绸之路的复兴联系起来。这一倡议激发了本国和他国公民对中国事务的兴趣。中国的领导人选择了一种将经济、贸易和文化相互联系的开拓性模式，其最明显结果之一就是人们现在对中国的讨论越来越多。实际上，这种了解并不是单方面的，中国公民也逐渐增强了对世界各国的了解。习近平在2012年当选为总书记后说："中国需要更多地了解世界，世界也需要更多地了解中国。"①

源于古代

为什么要提出复兴古老的丝绸之路呢？可以给出的答

---

① 《习近平谈治国理政》第1卷，外文出版社2014年版，第5页。

案是，中国研究了历史，并以过去的知识为灯塔，寻求在现代进行经济外交。早在汉朝时期，中国使节张骞就曾两次前往中亚，探索中国与该地区国家建立更紧密联系的可能性。① 就这样诞生了以古城长安（今西安市）为起点的古丝绸之路。② 在汉武大帝的授意下，张骞一直到达了埃及亚历山大市（时属古罗马帝国），为建立亚非欧之间的贸易联系做出了贡献。由于该路线的主要贸易物资是丝绸，19 世纪末，德国地质学家李希霍芬将张骞开辟行走的这条东西大道誉为"丝绸之路"。③

随着航海技术的发展，原始的古代陆路贸易联系逐渐被海路所丰富。这些海上路线将中国与朝鲜半岛、日本诸岛以及东南亚、印度洋和欧洲连接起来。到了唐朝，帝国的政治和经济中心移至南部，丝绸之路比以往任何时候都蓬勃发展。公元 15 世纪初，中国航海家郑和进行了一次令人印象深刻的和平远航，最远到达了红海和非洲东海岸。④ 与麦哲伦、哥伦布以及达伽马一样，郑和与他的船队远赴重洋，探索新大陆。

---

① 《习近平谈"一带一路"》，外文出版社 2018 年版，第 1 页。
② 关于古丝绸之路的历史，参见《丝绸之路：起始段——天山走廊的路网》，https://en.unesco.org/silkroad/countries-alongside-silk-road-routes/zhong-guo，2019 年。
③ 刘晓璐：《丝绸之路发展史》，新星出版社 2018 年版，第 5 页。
④ Lin Ye：《海上丝绸之路发展史》，新星出版社 2019 年版，第 4 页。

中国的奇迹——达成理解的必要性

中欧之间巨大的地理距离以及其沿线发生的战争有时阻碍了古丝绸之路的平稳运行。然而,无论是通过陆路、海路还是海陆结合,丝路在世界历史的发展中都起着至关重要性的作用,它使亚欧文化更加紧密地联系在一起,并被视为促进国际贸易的最重要的渠道,直至其没落。它是在清朝的时候逐渐没落的,那时清政府实行了贸易管制。在印第安纳大学教授克里斯托弗·贝克维斯看来,古丝绸之路不仅仅是一条巨大的跨国之路,还是欧亚地区社会、政治和经济体系的交点。[1]

联合国教科文组织认为,古丝绸之路最大的遗产就是它使不同国家和文化之间得以成功地交流观点和思想。[2]这种方式推动了科技的进步,因为合作与互动能促进实现重要的技术成就;同时也推动了宗教的传播,例如起源于印度的佛教在东南亚地区蓬勃发展。中国的商人将造纸、印刷、灌溉系统和生产铸铁的技术知识带到了西方,并将其在世界各地积累的经验和知识带回到自己的国家。这其中就包括音乐、舞蹈、雕塑、建筑、天文学和医学知识。至于流通商品,除了丝绸外,中国商人还将瓷器和棉花贩卖到其他国家,同时他们还进口香料、外来动物、药用原

---

[1] 克里斯托弗·贝克维斯(Christopher Beckwith):《丝绸之路的帝国》,普林斯顿大学出版社2011年版。
[2] 联合国教科文组织:《关于丝绸之路》,https://en.unesco.org/silkroad/about-silk-road,2019年。

料和手工艺品原材料。

如今的中国政府的想法与古丝绸之路的逻辑是一致的。在复兴丝路的背景下，中国与世界各国的合作可以带来相应的互利。一方面，在旅游、贸易和投资等领域增进对华关系的国家能从中获取经济利益。另一方面，中国本身正在系统地研究世界其他地区（尤其是西方国家）的成功经验，以提取其认为对自身发展具有借鉴或警示意义的部分，取其精华，去其糟粕。古丝绸之路和新丝绸之路之间的比较显然是有一定的局限性的，因为它所处不同的时代，前者构成了几个世纪以来商业交流的渠道，而后者则是经精心研究后提出的联通经济的倡议。无论如何，鉴于过去的历史和知识，中国政府目前正在有条不紊地开展工作，以使这一大工程取得成功。避免战事以及持续的发展和稳定是成功的重要前提条件。

兴于当代

在对中国如何更好地应对现代挑战进行了成熟的思考后，中国政府得到了创造新丝绸之路的灵感。中国在 21 世纪令人印象深刻的经济转型、多极世界的逐步建立、持续的全球化以及国际金融危机对其与西方关系的影响，使中国领导人（甚至在习近平时代之前）不得不寻求有效的框架和说法来解释其选择，并在国际关系上刻下自己的烙印。这一过程终于在 2013 年秋天结出果实。9 月 7 日，习近平主席在哈萨克斯坦的纳扎尔巴耶夫大学发表演讲时说，随着中国同欧亚国家关系快速发展，古老的丝绸之路日益焕发出新的生机活力。随后，他向中国在欧亚大陆的伙伴倡议共同建设"丝绸之路经济带"。① 大约一个月后，他在印度尼西亚发表讲话时表示，相应地，他还设想了一条 21 世纪"海上丝绸之路"。②

中国国家发展和改革委员会、外交部以及商务部解释了中国这一倡议的目标。它是一个符合联合国原则和宗旨的系统方案，可以通过联合协商建立，以确保所有有关国家和机构的利益。因此，中国政府提议研究协调新丝绸之路沿线各国的国家发展战略的可能性。根据官方的描述，丝绸之路经济带重点畅通中国经中亚、俄罗斯至欧洲（波罗的海）；中国经中亚、西亚至波斯湾、地中海；中国至东南亚、南亚、印度洋。而 21 世纪海上丝绸之路的重点方向则是从中国沿海港口过南海到印度洋，延伸至欧洲；从

---

① 中华人民共和国外交部网站：《习近平发表重要演讲 吁共建"丝绸之路经济带"》，http://www.fmprc.gov.cn/mfa_eng/topics_665678/xjpfwzysiesgjtfhshzzfh_665686/t1076334.shtml，2013 年 9 月 9 日。
② 《习近平谈治国理政》第 1 卷，外文出版社 2014 年版，第 320 页。

中国沿海港口过南海到南太平洋。①

古丝绸之路的复兴以"一带一路"倡议的形式被人们熟知,这一倡议最初规划建设的是中蒙俄、新亚欧大陆桥、中国—中亚—西亚、中国—中南半岛、中巴、孟中印缅这六大经济走廊。在此过程中,这一倡议的官方英文翻译从"One Belt-One Road"改为"Belt and Road Initiative",中国政府认为这一翻译更能表达其不愿让任何国家被排除在这种国际合作模式之外的愿望,也就是说即使一个国家(例如非洲或拉丁美洲的国家)不是古丝绸之路的一部分,也可以加入"一带一路"。

在2017年5月举行的首届"一带一路"国际合作高峰论坛上,习近平主席强调了该计划的非排他性。② 几个月后,即2018年1月,中国发表了关于北极的白皮书,提出共建"冰上丝绸之路"。③ 鉴于中国在创新、技术和互联网发展方面的进步,新丝绸之路必须具有强大的数字维

---

① 《推动共建丝绸之路经济带和21世纪海上丝绸之路的愿景与行动》,http://en.ndrc.gov.cn/newsrelease/201503/t20150330_669367.html,2015年3月25日。
② 《习近平在"一带一路"国际合作高峰论坛开幕式上的演讲(全文)》,http://news.xinhuanet.com/english/2017-05/14/c_136282982.htm,2017年5月14日。
③ 《中国的北极政策》(白皮书),http://english.www.gov.cn/archive/white_paper/2018/01/26/content_281476026660336.htm,2018年1月26日。

度。因此，北京方面提议在数字经济、人工智能、纳米技术和量子计算机方面建立新的合作关系。① 如此一来，中国就可以收集大量数据，这些数据如果使用得当，将能够改善智慧城市和电子医疗等方面的服务。

"一带一路"倡议的核心是政策沟通、设施联通、贸易畅通、资金融通、民心相通。研究中国的法国学者弗朗索瓦·贡德蒙德（François Gondemond）从一开始就表示这是一项宏伟的计划，该计划涵盖了世界 GDP 的 55%、世界人口的 70% 和已知能源的 75%。② 尽管新丝绸之路具有多面性，国际的目光更多地集中在经济方面。基础设施项目的实施需要资金。根据 2016 年的估算数据，中国的银行持有超过 15 万亿美元的资金，而中国的外汇储备则超过了 3 万亿美元。③ 这些项目的融资通常是通过从现有的或新的金融机构贷款来完成的，例如国家开发银行、中国进出口银行、亚投行以及丝路基金。中国政府还对其参与的其他机构的项目融资感兴趣，例如金砖国家开发银行和上海合

---

① 《习近平谈治国理政》第 2 卷，外文出版社 2017 年版，第 561 页。

② ［法］弗朗索瓦·贡德蒙德（François Gondemond）：《"一带一路"：中国大步"走出去"》，欧洲对外关系委员会研究报告，http://www.ecfr.eu/page/-/China_analysis_belt_road.pdf，2015 年 6 月。

③ Simeon Djankov、Sean Miner 主编：《中国的"一带一路"倡议：动机，范围和挑战》，彼得森国际经济研究所研究报告，https://piie.com/system/files/documents/piieb16-2_1.pdf，2016 年 3 月。

作组织（SCO）开发银行。

尽管经济在"一带一路"的合作中占有最大份额，但并非一切都围绕着经济展开。新丝绸之路给有关国家提供了与中国在旅游、文化和教育领域合作的机会。特别是在被中国视为国家发展基石的教育领域，[1] 这一倡议鼓励所有加入"一带一路"的国家参与创建"教育丝绸之路"。中国每年向这些国家的学生提供成千上万的奖学金，省级政府也提供类似的项目。推进的活动包括学生交流、研讨会、艺术节、电影和电视作品制作、智库对话等。2019年4月，在第二届"一带一路"国际合作高峰论坛上又启动了一个新的"一带一路"研究网络，这必将有力地促进相互理解。

动机

在推进这一项复杂的贸易互连计划的过程中，中国政府在国内外实现了多个目标。最初，中国国内产能过剩，而"一带一路"倡议则为许多中国公司提供了在境外开展业务的机会。[2] 中国的影响力逐渐辐射向全球，而该倡议

---

[1] 《习近平谈治国理政》第1卷，外文出版社2014年版，第211页。

[2] ［美］迈克尔·斯温（Michael D. Swaine）：《中国对"一带一路"倡议的观点和评论》，《中国领导观察》2015年第47期，http://www.hoover.org/sites/default/files/research/docs/clm47ms.pdf，2015年。

则是一个超级经济体的诞生造成的必然结果。也就是说，一旦市场上提供的服务或各个领域生产的商品超过了国内需求，这个超级经济体就会探索在新市场上出售它们的方法，来吸收这些过剩的产能。对于重工业，特别是建筑和能源行业，新丝绸之路可以解决这个问题。但是，除了产能合作外，许多中国公司还在加强其在全球市场（价值链）中的地位，这不仅是全球化背景下的正常互动，还是其卓越创新能力的有力体现。①

同时，中国作为世界上商品和服务最强大的贸易国家之一，有充分的理由寻求开辟联通中国与其他大洲和国家的新途径。这样既能降低运输成本并增加营业额，② 还能为探索新的合作可能性创造条件，例如在能源运输领域，再如将资源丰富地区的生产与消费联系起来。此外，中国正更积极地参与全球和区域经济合作，成为发展的主要参与者。互联互通的结果之一是人民币的国际化，该货币经常用于与第三国（主要在亚洲和中东）的交易中。中国人

---

① 傅梦孜：《"一带一路"倡议的三个理论视角》，《现代国际关系》2019 年第 2 卷第 2 期。

② Alicia Garcia Herrero、徐建伟：《中国的"一带一路"倡议：欧洲能否期待贸易收益》，布鲁盖尔智库研究报告，2016 年第 5 期，http://bruegel.org/wp-content/uploads/2016/09/WP-05-2016.pdf。

民大学的一项研究表明,这一倡议确实可服务于这一目的。①

同时,新丝绸之路也符合中国的内部发展战略。通过新的基础设施建设项目,可以实现各省与其他国家的直接联系,并为促进其经济发展创造条件。一个典型的例子就是由总部位于与老挝接壤的云南省的中国建筑公司承建的高速公路项目,这一高速公路将连接中老边境的磨憨镇和老挝的首都万象。② 2016 年,李克强总理将"一带一路"倡议与京津冀协同发展和长江经济带等国家重大项目联系在一起。③ 一年后,他再次强调了上述项目——特别是新丝绸之路——对东北振兴、中部崛起和西部大开发的重要意义。④

从另一个角度看,"一带一路"倡议是美国"转向亚洲"战略的解毒剂。如上文所述,奥巴马总统将美国的重心转移至亚洲的决定最初激怒了中国,使中国不得不有条

---

① 《研究表明"一带一路"倡议和人民币国际化服务于全球利益》,http://english.gov.cn/news/top_news/2015/10/09/content_281475207613875.htm,2015 年 10 月 9 日。

② 《老挝政府与中国公司就老挝第一条高速公路签订协议》,http://www.xinhuanet.com/english/2018-04-05/c_137088851.htm,2018 年 4 月 5 日。

③ 《2016 年政府工作报告》,http://english.gov.cn/premier/news/2016/03/17/content_281475309417987.htm,2016 年 3 月 17 日。

④ 《2017 年政府工作报告》,http://english.gov.cn/premier/news/2017/03/16/content_281475597911192.htm,2017 年 3 月 16 日。

中国的奇迹——达成理解的必要性

不紊地开展工作，以避免其认为潜在的威胁。中国旨在通过推广自己的经济互联模式，来改善与亚洲各个国家的关系，强化其在欧亚地区的地位，并增强其在区域组织中的声音。预期收益是双重的。一是在亚洲形成新的秩序。二是培养一些能影响中美关系的条件，使中国不仅能够更好地捍卫自己，还能在邻国和国际关系中更自信地采取行动。

对中国复兴丝绸之路的动机的解读在国际社会上引起了激烈的讨论。美国没有参与讨论，也没有对其做太多经济层面的解读，而是将其与中国的地缘政治甚至军事野心联系在了一起。根据对五角大楼的分析，这些主要体现在建立吉布提海军基地、出售武器系统和开展军事演习。[①] 北京方面已经明确表示，该倡议没有地缘战略意图。2015年3月，中华人民共和国外交部部长王毅表示，"一带一路"倡议不是地缘政治的工具，更不能用过时的冷战思维去看待。[②] 中国政府一再强调互惠互利，并反复提及"和平""友谊"和"稳定"等词语。这些说法呼应了习近平主席制定的、围绕诸如"新型国际关系"或"大国关系新

[①] 《中国全球扩张对美国国防影响的评估报告》，美国国防部发布的评估报告，https://media.defense.gov/2019/Jan/14/2002079292/-1/-1/1/EXPANDING-GLOBAL-ACCESS-REPORT-FINAL.PDF，2019年1月。

[②] 《外交部长王毅答记者》，https://www.fmprc.gov.cn/mfa_eng/zxxx_662805/t1243662.shtml，2015年3月8日。

模式"等战略概念展开的外交政策。这就是他对中国的愿景，也是为什么他称"一带一路"倡议是一项能够构建"人类命运共同体"的"世纪工程"。

逐步成功

要想更容易地理解中国的对外政策和经济政策，我们需要把时间的维度拉长。评估"一带一路"倡议也是如此。由于该项目的原创性和宏伟性，我们需要花费一些时间来评估其结果。中国的学者提出了三种可能出现的情况：成功，部分成功和失败。① 2013 年，习近平主席在哈萨克斯坦首次提出了建设"丝绸之路经济带"倡议，六年后，这一倡议的结果是显而易见的。第二届"一带一路"国际合作高峰论坛于 2019 年 4 月在北京举行。笔者有幸参与了该论坛，并收集了一些值得一提的经济数据。截至论坛举行的当月，中国已经与 126 个国家签署了协议，2013 年至 2018 年中国与"一带一路"沿线国家货物贸易总额超过 6 万亿美元，占中国贸易总额的 27.4%。此外，中国与参与该倡议的国家之间的贸

---

① 杨洁勉：《让海上丝绸之路成为推动中国和南亚合作互动的新力量》，http://www.siis.org.cn/Research/EnInfo/2214，2015 年 11 月 23 日。

易额增长了 4.1%。①

地理知识对于"一带一路"倡议的分析至关重要。在不同的大洲上,许多重要的项目已经竣工或正在进行中,例如中泰铁路、雅万铁路、亚吉铁路和蒙内铁路。此外,还有科伦坡港口城的开发、中远集团在比雷埃夫斯港的投资、中国—白俄罗斯工业园、巴基斯坦瓜达尔港自贸区的建立以及中埃苏伊士经贸合作区的拓展等项目。② 有关项目还包括在印度尼西亚、尼日利亚和苏丹等国家建造的水力发电厂,以及在孟加拉国、克罗地亚、塞尔维亚和巴拿马等国家建造的桥梁。关于中欧铁路,从 2014 年到 2018 年的五年间,共有 14691 班贸易列车在 52 个中国城市与 51 个欧洲城市之间运营。③

中国正在重新定义国际关系的框架,以和平的方式在世界上许多国家留下其经济印记,并积极探索发展和改革国际治理的新途径。④ 古丝绸之路的复兴使它有机会逐步

---

① 《数说"一带一路":中国与"一带一路"沿线国家贸易总额超 6 万亿美元》,http://www.globaltimes.cn/content/1147387.shtml,2019 年 4 月 25 日。

② 有关新丝绸之路沿线所有项目的信息,详见网站:https://eng.yidaiyilu.gov.cn/,2019 年。

③ 《数说"一带一路":中欧货运列车运行班次超过 14000》,有关数据详见网站:http://www.globaltimes.cn/content/1147578.shtml,2019 年 4 月 26 日。

④ 苏格:《全球视野之"一带一路"》,《国际问题研究》2016 年第 2 期。

在世界舞台上发挥日益重要的作用。① 即使是在中东和平进程和阿富汗和谈等复杂问题上，也能越来越多地听见中国政府的声音。令人惊叹的是，即使是在或多或少有摩擦的两国之间（如伊朗和沙特、以色列和阿拉伯国家、希腊和土耳其），中国也能设法推进"一带一路"项目实施。当然，这并不意味着这一倡议的推进没有遇到任何障碍和问题。正如我们将在下文看到的那样，中国政府对现实有着清醒的认知，并努力解决遇到的困难。"一带一路"倡议的实施要看有关国家在美国的干扰下与中国建立更紧密关系的意愿。2019 年 5 月，美国国务卿迈克·蓬佩奥公开表示，中国的这一政策存在问题。②

争议

新丝绸之路的成功，最有力的证明也许是它在美国和欧盟引起的"噪音"。如果我们回看 2013 年，当时这个倡议还处于起步阶段，那么我们会发现它并没有引起人们的

---

① 赵隆：《从中国视角看欧亚大陆跨国合作面临的挑战》，上海国际问题研究院研究报告，http://www.siis.org.cn/Research/EnInfo/3972，2015 年 12 月 30 日。

② 《迈克·蓬佩奥与英国外交大臣杰里米·亨特举行联合新闻发布会》，https://www.state.gov/press-availability-with-british-foreign-secretary-jeremy-hunt/，2019 年 5 月 8 日。

注意。人们认为像这样一个宽泛的计划是很难取得切实成果的。然而，随着时间的推移，它不仅成为人们关注的焦点，而且引起了西方对中国的一些负面评论。所谓的"中国威胁论"甚嚣尘上，以至于新丝绸之路被视为中国的外交工具，服务于其统治世界的愿望，即中国通过对合作伙伴强加自己的条件或施加隐性压力，使他们成为其战略的支持者。

实际上，西方大多数政客和分析家都认为中国正在利用其经济实力来获得政治影响力。[①] 历史告诉我们，经济实力雄厚的国家不可避免地会获得这种影响。这就不难理解为何西方国家要密切监视中国是否以及如何发挥其获得的影响力。但轻易下定论称其有可疑的意图或称霸的意愿是毫无逻辑的。[②] 许多国家被描述为中国外交政策的"受害者"。例如柬埔寨、巴基斯坦、匈牙利、塞尔维亚，希腊也不例外。整个非洲大陆亦是"受害者"，在那里，中国

---

① Joshua Meservey：《中国与非洲：新殖民主义？》，在美国众议院非洲、世界卫生、世界人权和国际组织小组委员会听证会上的发言，https://docs.house.gov/meetings/FA/FA16/20180307/106963/HHRG-115-FA16-Wstate-MeserveyJ-20180307.pdf，2018年3月8日；Philippe Le Corre：《中国在欧洲的投资和影响》，在美国众议院外交事务委员会欧洲、欧亚大陆和新兴威胁小组委员会听证会上的证词，https://docs.house.gov/meetings/FA/FA14/20180523/108355/HHRG-115-FA14-Wstate-LeCorreP-20180523.pdf，2018年5月23日。

② Oriana Skylar Mastro：《隐秘的超级大国：中国如何隐藏全球雄心》，《外交事务》第98卷第1期。

可以畅通无阻地、非常轻松地实施自己所期望的经济外交。① 美国前国务卿雷克斯·蒂勒森在 2018 年 3 月的一次讲话中批评了中国的做法。②

西方对复兴新丝绸之路的反对态度是完全可以预料到的。随着中国成为全球主要经济体，西方设法开发出抗体来消除——至少是限制中国的威胁。意识形态上的竞争是显而易见的。从 1945 年到 1989 年，美国制定了一个战略，其唯一目标就是反对共产主义。美国的几代政客、外交官和思想家就是在这样的声音和环境里成长，并以生命为代价来结束苏联的共产主义。即使是在冷战结束后，这种观念也没有被放弃，还会不时卷土重来。近年来，中美关系就是这种情况，因为许多美国人认为，唯有如此，他们才能更好地捍卫自己的利益——就像过去冷战期间那样。美国的做法带有强烈的意识形态色彩——这也关系到国家安全问题。

---

① 拉里·汉诺尔（Larry Hanauer）和莱尔·J. 莫里斯（Lyle J. Morris）：《中国对非洲的渗透：对美国政策的驱动力、反应和影响》，兰德公司的研究报告，https://www.rand.org/content/dam/rand/pubs/researchreports/RR500/RR521/RAND_RR521.pdf，2014 年；劳拉·科兰（Laura Koran）：《为什么中国在非洲的足迹令美国担忧》，https://edition.cnn.com/2018/03/10/politics/china-africa-footprint-tillerson/index.html，2018 年 3 月 10 日。

② 《国务卿雷克斯·蒂勒森就美非关系发表讲话：一个新框架》，https://et.usembassy.gov/remarks-secretary-state-rex-tillerson-u-s-africa-relations-new-framework/，2018 年 3 月 6 日。

中国的奇迹——达成理解的必要性

除意识形态问题外，美国批判中国（在下一章中我们还将看到欧盟通常紧随其后）的目的是在与中国合作的国家中制造压力壁垒。实际上，这些国家与中国的双边关系的改善有时在媒体和智库的公开话语中会被妖魔化，并被视为中国"威权式入侵"的体现。[1] 但是大多数与中国合作的国家之所以这样做，是出于经济的原因，他们确实想加强与中国的关系。尽管西方人将这些选择视为错误的、轻率的或冒险的，但它们实质上反映了全球许多政府的战略，即达成有助于经济增长的协议。西方将中国的行动一律描述为既有损于有关国家，又有损于国际秩序，却不根据每个案例的具体特征来就事论事。不知道在批评中国之前，这些与中国合作过的西方国家可否扪心自问过，与中国的合作是否愉快？

新丝绸之路的性质是多维的。这意味着来自不同大洲的国家以不同的优先次序参与其中。其中一些国家（例如巴基斯坦）原本就是亲华派，这一类国家可以轻松地在各个方面与中国合作。印度尼西亚或老挝等国家则更多地保持中立，但希望吸引中国的投资。其他国家，例如俄罗斯

---

[1] Thorsten Benner、Jan Gaspers、Mareike Ohlberg、Lucrezia Poggetti、Kristinshi-Kupfer：《威权主义的推进——回应中国在欧政治影响力之增长》，墨卡托中国研究中心（MERICS）研究报告，https://www.merics.org/sites/default/files/2018-02/GPPi_MERICS_Authoritarian_Advance_2018_1.pdf，2018年2月。

和沙特阿拉伯，则试图在"一带一路"倡议和自己的整合模式及经济优先事项——即欧亚经济联盟和沙特"2030年愿景"——之间找到共同点。另外一些国家，例如希腊和以色列，仍然坚定地偏向西方（或是欧盟，或是美国，或是两者兼而有之），但从中国一系列新的对外举措中看到了重大机遇。就拉丁美洲和加勒比海地区而言，玻利维亚、巴拿马、哥斯达黎加和智利等国家正在寻求中国的投资，① 因为如今美国对该地区的经济和贸易发挥的作用已不如从前。

这里应该特别提到非洲。许多非洲国家对与中国的紧密经济合作持积极态度。中国具有一个重要的优势，那就是它过去从未表现出殖民主义和霸权主义倾向，相反，它在屈辱的一个世纪中经历了被殖民。大多数非洲国家领导人都认识到了这一历史现实，这使得他们不仅不惧怕中国，还想起了19世纪和20世纪欧洲列强的殖民战略，并对它们进行比较。交易额是最有力的佐证。中非双边贸易额从2007年的735.7亿美元增长到2017年的1700亿美元。② 此外，在国际金融危机爆发后，中国在能源、金融

---

① Fermín Koop:《"一带一路"：拉丁美洲的新面孔——中国》，https://dialogochino.net/26121-belt-and-road-the-new-face-of-china-in-latin-america/，2019年4月25日。

② 2017年中非双边贸易统计数据详见：http://english.mofcom.gov.cn/article/statistic/lanmubb/AsiaAfrica/201803/20180302719613.shtml，2018年1月26日。

服务和基建等多个领域成为对非主要投资国。①

值得一提的是麦肯锡的一项研究，该研究表明，在非洲开展项目的中国公司刺激了当地经济并为非洲公民提供了就业机会。根据他们的研究，有89%的员工是当地人。② 与非洲联盟一起参加中非合作论坛（FOCAC）的53个非洲国家都采纳了中国政府的提议，这些提议除了涉及基础设施建设项目和促进工业化外，还包括用于扶贫和治疗非洲猪瘟等疾病的财政援助。有关论坛于2018年9月在北京举行，期间签署了2019—2021年行动计划。③ 合作的一个关键方面是，中国一再强调其意义的《联合国2030年可持续发展议程》，与旨在于未来几十年将非洲发展成和平繁荣之地的非洲联盟《2063年议程》相吻合。

---

① Miria Pigato、Tang Wenxia：《中国与非洲：在不断变化的全球环境中扩大经济联系》，世界银行发布的研究报告，https://www.worldbank.org/content/dam/Worldbank/Event/Africa/Investing%20in%20Africa%20ForuF/2015/investing-in-africa-forum-china-and-africa-expanding-economic-ties-in-an-evolving-global-context.pdf，2015年3月。

② Irene Yuan Sun、Kartik Jayaram、Omid Kassiri：《狮与龙之舞：非中关系是如何建立的，又将如何发展？》，麦肯锡全球研究院发布的研究报告，https://www.mckinsey.com/featured-insights/middle-east-and-africa/the-closest-look-yet-at-chinese-economic-engagement-in-africa，2017年6月。

③ 《中非合作论坛—北京行动计划（2019—2021年）》，https://www.focac.org/eng/zywx_1/zywj/t1594297.htm，2018年9月12日。

因此，非洲国家实际上正在享受与中国合作的利益。这些利益与每个国家的优先战略相适应，因此各不相同，却得到了公众舆论的一致积极评价。2016年"泡沫计"的一项调查显示，有63%的非洲人对中国持友好态度。[1] 在美国战略与国际研究中心（CSIS）的赞助下运营的chinapower网站主要关注了尼日利亚、南非和肯尼亚这三个非洲国家，并提供了更新的数据来证实这一趋势。2018年这三个国家对华好感度分别为67%、49%和61%。[2]

但是，中国的形象并非在全球所有国家都是正面的。就邻国而言，根据上述网站提供的信息，对中国好感度最低的国家是日本（17%）和韩国（38%）。在范围更广一些的周边国家中，澳大利亚和印度尼西亚对华友好度相对较高。数据显示，这两个国家2018年对华好感度分别为48%和53%。总体而言，即使是在美国、欧盟和以色列，对华好感度仍然保持了相对较高的水平。2018年，有38%的美国人、39%的德国人、41%的法国人、42%的西班牙人和55%的以色列人对中国给予了积极评价。

---

[1] 索菲·莫林·亚伦（Sophie Morlin-Yron）：《这就是非洲人对中国人的真实看法》，https://edition.cnn.com/2016/11/03/africa/what-africans-really-think-of-china/index.html，2016年11月6日。

[2] 《全球如何看待中国趋势》，https://chinapower.csis.org/global-views/，2019年。

"债务陷阱论"

"一带一路"倡议的未来在很大程度上取决于中国如何与沿线国家进行互动。在各个国家、政府、市场和社会的利益之间以及在每个国家的政治开放与国家安全之间保持适当的平衡是关键。运行框架特别重要。一些项目的可持续性在很大程度上与借款国的还款能力有关。偿还上的困难带来新的问题，这不仅影响了一些项目的实施，而且还给西方对该倡议的批评平添了论调。西方的主要论调是所谓的"中国债务陷阱论"，据美国国务院称，这与安全问题有关。① 换句话说，西方指责中国试图与较小的国家缔结霸王协议，利用他们薄弱的经济条件，来实现对各种基础设施项目的完全控制，进而获得地缘政治利益。②

美国的一些分析师以斯里兰卡的汉班托塔港为例，证实了对"中国债务陷阱"的担忧。③ 斯里兰卡政府无力偿

---

① 2019年北约国家外交部长级会议期间，迈克·蓬佩奥的新闻发布会，https://www.state.gov/press-availability-at-nato-foreign-ministerial-2019/，2019年4月4日。

② 埃利·拉特纳（Ely Ratner）:《地缘战略和军事驱动因素及"一带一路"倡议的影响》，https://www.uscc.gov/sites/default/files/Ratner_USCC%20Testimony%20CORRECTED.pdf，2018年1月25日。

③ 托马斯·沙特克（Thomas J. Shattuck）:《中国如何决定游戏规则》，美国外交政策研究所发布的研究报告，https://www.fpri.org/wp-content/uploads/2018/07/howchinadictatesthegame.pdf，2018年。

第二章 新丝绸之路

还中国进出口银行的贷款,这为双方达成新协议铺平了道路。之后,中国招商局港口控股有限公司获得了汉班托塔港99年的特许经营权。① 该协议调整了过去一方对另一方的义务,同时规定招商局将承担新的投资义务,以便未来将该港口转变为运输枢纽。笔者曾有机会于2018年11月访问该港口,并获悉中国企业的投资计划。尽管港口的动作仍然有限,但商业活动已经开始,主要是汽车运输。滚装式集装箱船已经停泊在汉班托塔港。在招商局介入该项目之前很久,丹麦咨询公司Ramboll就认为这种类型的投资是该港口的理想选择。②

至于所谓的"中国债务陷阱论",在美国有一些不同的声音。约翰斯·霍普金斯大学教授德莫拉·布罗蒂加姆(Deborah Brautigam)认为该论调无论是针对汉班托塔港项目,还是总体来说,都有些夸大其词。③ 尽管"中国债务陷阱论"是近年来美国和欧盟对中国发表的严厉批评之一,但其实有些时候,这一论调被滥用了,其使用者并没

---

① 《中国公司为斯里兰卡港口债转股交易支付了5.84亿美元》,https://www.reuters.com/article/us-sri-lanka-china-ports/chinese-firm-pays-584-million-in-sri-lanka-port-debt-to-equity-deal-idUSKBN1JG2Z6,2018年6月20日。

② 《斯里兰卡建设新的海港的可行性研究》,https://ramboll.com/projects/group/hambantotaport,2006年。

③ Deborah Brautigam:《中国是世界的放高利贷者吗?》,《纽约时报》2019年4月27日第23版。

有对相关国家的债务状况进行透彻的分析。就斯里兰卡而言，与其他国家和国际组织相比，其自华贷款额占其总债务的比例并不高。一个斯里兰卡智库的研究团队 Verité Research 对这一问题进行了一项研究，该研究表明，2017 年斯里兰卡自华贷款额占其总债务的比例为 14%，与印度的水平相当。① 中国媒体报道称，中国向汉班托塔港项目提供的贷款约占中国向斯里兰卡提供的总贷款的 13%。②

如上所述，"一带一路"倡议是国际关系的新课题，需要进行系统而周密的研究，这并非易事。此外，可用数据并不总是能得出令人安心的结论。以研究质量著称的美国的研究中心和高校已经将重点放在进一步分析上。有趣的是，研究结果有时候反倒减轻了对"中国债务陷阱"的担忧，而非加深。除了斯里兰卡的汉班托塔港这一案例外，该论调对非洲、拉丁美洲和加勒比海地区的适用性也开始被质疑。约翰斯·霍普金斯大学的一个研究中心详细研究了中国在非洲的经济活动，布朗大学的研究机构则研究了中国在拉丁美洲和加勒比地区的经济活动。他们得出的结论是，中国提供的贷款没有反映出剥削贷款国的意

---

① 《外债的脆弱性及对华负债》，https://www.veriteresearch.org/2019/02/18/sri-lanka-debt-is-china-to-blame/，2019 年 2 月 17 日。
② 许文鸿：《中国债务陷阱？汉班托塔港的真实故事》，http://www.globaltimes.cn/content/1150711.shtml，2019 年 5 月 20 日。

愿，也没有违反国际货币基金组织设定的标准。①

未来前景

对"一带一路"倡议进行综合而全面的分析不能忽视中国自身带来的政治和经济风险。从政治上讲，恐怖分子将中国的项目（例如在巴基斯坦的项目）作为袭击目标并不罕见。从理论上说，新丝绸之路可能为不同国家、民族和宗教之间基于共同繁荣的和平与合作提供可能性，但实际上，障碍也不在少数，尤其是在政治不稳定的地区。中国正在参与打击亚洲和非洲恐怖主义的双边和多边行动，但并未采取单方面行动保护其投资。另外，如果存在债务问题，那么带来的麻烦可能会大于机遇。例如在委内瑞拉的案例中，中国同意该国以实物的形式（即通过向中国出口石油）偿还部分贷款，但不确定的因素正在影响这一进

---

① Deborah Brautigam、Jyhjong Hwang：《中非贷款数据库研究指南》，约翰斯·霍普金斯大学研究报告，https://static1.squarespace.com/static/5652847de4b033f56d2bdc29/t/58ac6353f7e0ab024bcc665c/1487692628411/guidebook+draft+v.26.pdf，2018年；Rebecca Ray、Kehan Wang：《中国—拉丁美洲经济简报》，布朗大学分析报告，https://www.bu.edu/gdp/files/2019/05/GCI-Bulletin-Final-2019.pdf，2019年。

程。① 这些不确定的因素包括价格的流动性以及委内瑞拉自身的石油生产能力。

习近平主席 2019 年在第二届"一带一路"国际合作高峰论坛上的讲话中概述了中国未来的优先事项，其中包括进行债务可持续性研究，引入确保更大透明度的规则以及保护环境。② 此外，中国政府已经在加强监督机制，并培训企业的干部，使其遵守法律并采取行动打击可能的贿赂。③ 这些政策是对西方反对意见的一种回应，但实际上它们也反映了中国自身对成功实施"一带一路"倡议的决心。项目执行过程中的一些延迟为负面评价提供了新的素材。④ 总而言之，可以说自 2013 年以来出现了一些失败和错误。对中国的批评有时是苛刻和不公平的，有时是公平

---

① Stephen B. Kaplan、Michael Penfold：《中国—委内瑞拉经济关系：用中国特色对冲委内瑞拉赌注》，威尔逊中心研究报告，https://www.wilsoncenter.org/sites/default/files/china‐venezuela_relations_final.pdf，2019 年 2 月。

② 《习近平在第二届"一带一路"国际合作高峰论坛开幕式上发表主旨演讲》，http://www.xinhuanet.com/english/2019‐04/26/c_138008377.htm，2019 年 4 月 26 日。

③ 《"一带一路"参与企业接受合规经营培训》，http://www.xinhuanet.com/english/2019‐07/19/c_138238308.htm，2019 年 7 月 19 日。

④ Go Yamada、Stefania Palma：《中国的"一带一路"在运转吗？来自八个国家的进度报告》，https://asia.nikkei.com/Spotlight/Cover‐Story/Is‐China‐s‐Belt‐and‐Road‐working‐A‐progress‐report‐from‐eight‐countries，2018 年 3 月 28 日。

的。然而，最重要的是，"一带一路"倡议已经取得了一些切实的重大成果，同时也积累了丰富的经验。中国有句俗话：万事开头难。而这最艰难的第一步，中国已经成功迈出去了。

第三章　迈向中欧折中方案

自 2013 年以来，古丝绸之路的复兴一直是中欧关系的重要方面。与美国相比，欧盟把经济看得比地缘政治更重要，因为欧盟没有拒绝中国，而是在中国的这一倡议中寻找机会。但是，从 2017 年开始，欧盟的态度也开始变得多虑，对华言辞也变得强硬。欧盟试图提出一种可能更适合新形势的新战略，来取代中国——一个"推广替代治理模式的体制竞争对手"——提出的战略。① 正如我们将在下文看到的那样，这项政策反映了欧盟委员会希望欧盟各国在对华政策上建立统一标准，但该标准不一定要与英国、法国和德国的对华政策完全一致——这三个欧盟中最强大的国家与中国保持着更紧密的双边关系。该战略对于恢复

---

① 欧盟委员会向欧洲议会、欧洲理事会提交的报告《欧盟—中国：战略展望》，https://ec.europa.eu/commission/sites/beta-political/files/communication-eu-china-a-strategic-outlook.pdf，2019 年 3 月 12 日。

北京方面和布鲁塞尔方面的对话来说是一个很好的机会，能让双方在合作中寻找一个新的互惠互利的方式。

合作框架

1975年，在中美关系正常化三年后，中国与欧盟（当时的欧洲经济共同体）建交。那段时期西欧紧追美国的步伐，其最终目标是结束苏联共产主义。[1] 因此，在这个方向上与中国合作是当时欧共体战略思想的中心。1978年，双方签署了第一份贸易协定，该协定七年后被另一份涵盖贸易、经济、投资和发展援助的内容更广泛的协定所取代。此后，双方专门成立了部级的委员会和工作组来处理各种问题。1988年，欧共体委员会正式在中国设立驻华代表团。[2]

20世纪晚期，欧共体决定制裁中国，对华武器禁运。[3] 该禁令直到现在仍是双方关系里的一根刺，尽管中国一直

---

[1] 有关冷战时期的中欧关系，参阅 Enrico Fardella、Christian F. Ostermann、Charles Kraus 编：《冷战中的中欧关系和多极世界的崛起》，威尔逊国际学者中心，华盛顿特区，2015年。

[2] 《中欧关系年表》，http://eeas.europa.eu/archives/docs/china/docs/chronology_2008_en.pdf，2018年。

[3] 马丁·罗素（Martin Russell）：《欧盟制裁：关键的外交和安全政策工具》，欧洲议会研究机构发布的研究报告，http://www.europarl.europa.eu/RegData/etudes/BRIE/2018/621870/EPRS_BRI(2018)621870_EN.pdf，2018年5月。

希望它被取消。① 但是，各欧盟成员国对该禁令的理解从一开始就是不同的。对于英国和法国来说，该禁令的范围并不包括具有某些军事用途的技术设备。② 因此，这两个国家已向中国出售了一些海上雷达系统以及 AS-365N2 直升机。③ 在丝绸之路的复兴开始很久之前，美国认为法国和德国将率先结束禁运，并且对英国和荷兰等国家的态度保持谨慎。④

"冷战"结束后，欧盟和中国更多的是通过经济合作而非地缘政治来发展双方之间的关系。双方决定从 1998 年开始定期举行中欧峰会，由此可以看出双方对于进行实质性对话的共同意愿。贸易从一开始就是中欧关系的支柱，

---

① 刘建喜（音）：《欧盟是时候解除过时的对华武器禁运了》，http://www.globaltimes.cn/content/1049431.shtml，2017 年 5 月 31 日。

② 有关英国和法国对该禁令的解释，参见《对华武器禁运的范围》，https://www.gov.uk/guidance/arms-embargo-on-china#the-extent-of-the-arms-embargo-on-china，2012 年 9 月 10 日；以及《法国关于欧盟对华武器禁运的解释声明》，https://www.sipri.org/sites/default/files/2016-03/French-statement-on-interpretation-of-EU-arms-embargo-against-China.pdf，2012 年 11 月 20 日。

③ 《欧盟对华武器禁运》，https://www.sipri.org/databases/embargoes/eu_arms_embargoes/china，2012 年 11 月 20 日。

④ 克里斯汀·阿奇克（Kristin Archick）、理查德·F. 格里米特（Richard F. Grimmett）、简雪莉（Shirley Kan）：《欧盟对华武器禁运：对美国政策的影响和选择》，美国国会研究机构（CRS）的研究报告，https://fas.org/asmp/resources/govern/109th/CRSRL32870.pdf，2015 年 4 月 5 日。

中国对欧贸易顺差逐年增加。1993年双边贸易额为308亿ECU,而欧盟对华贸易逆差为82亿ECU。① 2003年双边贸易额达到1476亿欧元,欧盟对华贸易逆差达到647亿欧元;② 2013年双边贸易额跃升至4282亿欧元,欧盟对华贸易逆差达到1320亿欧元。③

表3-1　　　　　中国与欧盟贸易总额　　　　　单位:亿欧元

年份	欧盟进口额	欧盟出口额	对华贸易顺差
2000	746	258	-487
2001	820	306	-513
2002	901	350	-550
2003	1062	414	-647
2004	1285	483	-802
2005	1603	518	-1085
2006	1949	637	-1311
2007	2326	719	-1607
2008	2499	784	-1695
2009	2141	824	-1317
2010	2819	1131	-1686
2011	2951	1364	-1586

---

① 参见欧盟委员会发布的新闻公告:http://europa.eu/rapid/press-release_MEMO-95-75_en.htm,1995年。

② 《欧盟——中国贸易关系》,欧洲议会外交署发布的研究报告,http://www.europarl.europa.eu/RegData/etudes/etudes/join/2011/433861/EXPO-INTA_ET(2011)433861_EN.pdf,2011年。

③ 《中欧国际贸易商品统计数据》,https://ec.europa.eu/eurostat/statistics-explained/index.php/China-EU_-_international_trade_in_goods_statistics,2019年3月。

中国的奇迹——达成理解的必要性

续表

	欧盟进口额	欧盟出口额	对华贸易顺差
2012	2921	1442	-1479
2013	2801	1481	-1320
2014	3025	1647	-1378
2015	3510	1704	-1807
2016	3523	1697	-1826
2017	3754	1976	-1777
2018	3947	2099	-1848

（数据来源于欧盟统计局）

贸易的繁荣表明，欧盟和中国过去一直在寻找共同展望未来的方式。除贸易外，欧洲公司抓住中国改革开放的机遇，开始逐渐在中国寻找投资机会。1995年年初，欧洲对华投资主要来自英国、法国、德国和意大利，总额达到24亿美元。而中国对欧投资大约为1.6亿美元。[1] 随着时间的推移，双边关系不断提高。全面战略伙伴关系的建立给双方提供了丰富合作领域的机会。一个典型的例子是双方就开发伽利略卫星导航系统签署了协议，希望它可以与美国GPS竞争。[2]

显然，欧盟和中国没有在所有方面达成共识。正如上文所言，武器禁运是横在双方关系里的一根刺。此外，布

---

[1] 欧盟委员会发布的新闻公告，1995年。

[2] 尼古拉·卡萨里尼（Nicola Casarini）：《欧盟与中国的十年伙伴关系》，欧盟战略研究所研究报告，https://www.iss.europa.eu/sites/default/files/EUISSFiles/Brief_35_EU-China_relations.pdf，2013年10月。

鲁塞尔方面和北京方面在其他问题上也难达成一致。法国总统尼古拉·萨科齐试图美化其摇摆不定的外交选择留下的印象，他向新华社表示："中国已经恢复了其在大国中的地位。拥有灿烂文明和勤劳人民的中国，将有能力为建设一个和平与发展的世界做出决定性的贡献。"[1]

欧洲债务危机

欧债危机的风暴改变了局势。在此之前，欧盟一直以相对优势的眼光看待中国。为了确保其成员国的繁荣、欧元区的正常运转以及其在多极世界中的和平稳定发展，欧盟对中国的态度发生了转变。在2009年之前，许多意见认为中国可以通过采用西方"完美"的做法，从内部转变成类似于西方民主国家的样子。这就是所谓的"自由制度主义"理论（liberal institutionalism）。渴望着成为"规范性力量"（normative power），欧盟以一种相当浪漫的方式看到了未来——正如欧洲文学中经常提到的那样。它不仅不了解中国，而且无法预测会发生什么。在大好的局势里，欧盟对未来充满了虔诚的欲望，却没有为可能出现的糟糕局面做好预防。

---

[1] Phillipa Runner：《多数欧盟领导人不参加奥运开幕式》，https://euobserver.com/foreign/26588，2008年8月8日。

中国的奇迹——达成理解的必要性

从 2009 年年底到 2010 年年初，欧洲最初对美国金融危机不会转移到欧洲大陆的希望最终消失了。希腊、葡萄牙和爱尔兰成为风暴的中心，而危机向意大利和西班牙的蔓延带来的恐慌则将整个欧元区置于危险之中。欧盟需要采取非常艰难的政治决策并建立救助基金，以扶欧盟大厦于将倾，并避免希腊退欧的风险，因为这无异于打开潘多拉魔盒，甚至可能导致欧元区解散。欧盟不出意料地开启了新的篇章。流动性和投资的缺乏使欧盟成为"规范性力量"的愿望被打回现实。欧盟陷入内向性，从繁荣的保证者转变为负责监督紧缩措施和艰苦改革实施情况的警察——至少南欧是如此；与此同时，中国则成为了全球经济的主角，甚至还能给欧洲始料未及的僵局提供解决办法。

欧债危机下的中国拥有大量现金储备，其国有企业也有机会筹集大量资金用于海外投资。与欧债危机爆发前不同，这一回，中国国有企业强势地进入了欧洲市场。中国对欧盟的直接投资额从 2008 年的 7 亿欧元激增至 2016 年的 350 亿欧元。[①] 在习近平主席于 2013 年 9 月在哈萨克斯坦发表讲话后，这种在前几年就已经显现出来的趋势变得

---

① Thilo Hanemann、Mikko Huotari：《中欧 FDI：致力于互惠的投资关系》，墨卡托中国研究中心（MERICS）和荣鼎集团发布的研究报告，https://www.merics.org/sites/default/files/2018-08/180723_MERICS-COFDI-Update_final.pdf，2018 年 5 月。

更加明显。中国企业主要活跃于（或投资或收购公司）英国、德国、意大利、法国、荷兰、芬兰和瑞典（表3-2）。

表3-2　　　　2000—2018年中国对欧直接投资额　　　单位：亿欧元

国家	中国对欧投资额
英国	467
德国	229
意大利	153
法国	143
荷兰	99
芬兰	73
瑞典	61
葡萄牙	60
西班牙	45
爱尔兰	30
卢森堡	24
匈牙利	24
比利时	22
希腊	19
波兰	14
丹麦	12
奥地利	10
捷克	10
罗马尼亚	9
保加利亚	4
克罗地亚	3
马耳他	8
斯洛文尼亚	3
塞浦路斯	2

中国的奇迹——达成理解的必要性

续表

国家	中国对欧投资额
爱沙尼亚	1
立陶宛	1
拉脱维亚	1
斯洛伐克	1

（数据来源于荣鼎集团）

中国企业的活动领域十分广泛，不仅涉足了建筑项目、公司收购，还包括对高科技、港口、机场、铁路、能源、媒体集团、足球队、房地产市场的投资等。此外，不同领域合作的类型也不尽相同，因为合作条款是双方共同确定的。典型的案例是中国三峡集团于2011年收购了葡萄牙能源公司EDP 21%的股权，[1] 以及中国投资有限责任公司于同年收购了法国天然气勘探和生产公司ENGIE 30%的股权。[2] 此外，中国美的集团于2016年收购了德国智能自动化公司KUKA，[3] 中国互联网巨头腾讯集团则于同年收

---

[1] Axel Bugge：《中国三峡集团以27亿欧元收购EDP股份》，https://www.reuters.com/article/us-edp-threegorges-idUSTRE7BM04V20111223，2011年12月23日。

[2] 《ENGIE与中国投资公司（CIC）签署谅解备忘录》，https://www.engie.com/en/journalists/press-releases/engie-china-investment-corporation-signed-mou/，2015年6月30日。

[3] 《美的成功收购KUKA公司》，http://www.midea.com/global/about_midea/News/201701/t20170117_207407.shtml，2017年1月9日。

购了芬兰手机游戏制作公司 Supercell。[1] 同样是在 2016 年，通过了中国建投对荷兰半导体公司 NXP 的收购，[2] 以及中国广核集团（CGN）和法国电力公司（EDF）在英国兴建欣克利角 C 核电站项目。[3]

敞开的大门

如果我们回看欧债危机刚开始的那段时间，也许就能发现，其实欧盟是希望与中国建立更紧密的经济联系的。2011 年，欧洲金融稳定基金（EFSF／ESM）首席执行官克劳斯·雷格林（Klaus Regling）访问北京，探索可能的债券市场。[4] 两年后，他透露，包括中国在内的亚洲投资者已经购买了该基金 22% 的债券，但他不愿提供更多具体

---

[1] Paul Carsten、Jussi Rosendahl、Ritsuko Ando：《中国的腾讯集团以 86 亿美元收购了〈部落冲突〉开发商 Supercell》，https://www.reuters.com/article/us-supercell-m-a-tencent-holdings/chinas-tencent-buys-clash-of-clans-maker-supercell-for-8-6-billion-idUSKCN0Z716E，2016 年 6 月 21 日。

[2] 《中国建投并购 NXP 公司项目获批》，http://en.jic.cn/news/1498.html，2016 年 11 月 3 日。

[3] 《项目简介》，http://en.cgnpc.com.cn/encgn/c100080/2016-08/24/content_6bea6747185546458b887848d8c170d7.shtml，2016 年 8 月 24 日。

[4] 西蒙·拉比诺维奇（Simon Rabinovitch）：《EFSF 高层对中国的支持持乐观态度》，https://www.ft.com/content/0fe3e0c4-012e-11e1-ae24-00144feabdc0，2011 年 10 月 28 日。

信息。不过他表示,"保持联系极为重要",特别是与中国的联系。① 从中国的角度来看,购买 EFSF 或欧元区成员国发行的债券不失为一个优化外汇储备结构的机会。② 2011 年,据《卫报》报道,中国正在购买西班牙和葡萄牙的债券。③

布鲁塞尔方面十分欢迎中国公司的投资。实际上,在欧盟委员会主席让-克洛德·容克的倡议下,欧洲战略投资基金于 2015 年成立,这为该领域的机构合作铺平了道路。中国响应了欧洲的公开邀请,并表达了参与该基金的意愿。这是因为该基金将更多地用作吸引资金的担保,而非出资方。2015 年 9 月,中国正式成为第一个参与该基金的非欧洲国家。欧洲对这一进展是喜闻乐见的,因为这表明其开放性是富有成果的。④ 那段时间,欧盟委员会以及欧盟大多数成员国都认为,可以而且应该进一步促进与中

---

① 克劳斯接受《21 世纪经济报道》的采访,采访内容详见:https://www.esm.europa.eu/sites/default/files/21stcenturyklaus-reglingesm2013-05-28.pdf,2013 年 6 月 4 日。

② 江时学:《中国视角下的欧债危机》,中国社会科学院研究报告,http://ies.cass.cn/webpic/web/ies2/en/UploadFiles_8765/201210/2012103012384296.pdf,《欧洲研究》2012 年第 3 卷第 2 期。

③ 艾琳娜·莫亚(Elena Moya):《中国积极购买西班牙债券》,https://www.theguardian.com/business/2011/jan/12/supportive-china-buys-european-bonds,2011 年 1 月 12 日。

④ 《"投资欧洲"计划走向全球:中国宣布参与》,http://europa.eu/rapid/press-release_IP-15-5723_en.htm,2015 年 9 月 28 日。

国的合作。许多国家对中国发起的亚投行进行了积极评估，这绝非偶然。英国就是典型的例子，该国于2015年决定成为亚投行创始成员。① 然而，奥巴马总统领导下的美国政府并未掩饰其对此事的不满。②

总的来说，中欧关系的框架是于2013年以后由《中欧合作2020战略规划》确定的。③ 该规划围绕四个轴心展开：和平与安全、繁荣、可持续发展和人文交流。双方的共同愿望是在双边和多边层面上加强合作。同时，通过举行年度峰会并定期就各种问题进行讨论，双方有机会在包括亚欧会议（ASEM）和G20峰会在内的各种会议上进行合作。当然，自从欧洲受到债务危机的考验以来，中国以相对更自信的态度参加这些会议并绝对有理由认为自己的经济政策正在国内外取得成果。

---

① 《英国向亚投行项目准备特别基金捐资》，声明详见：https://www.parliament.uk/business/publications/written-questions-answers-statements/written-statement/Commons/2018-03-21/HCWS573/，2018年3月21日。

② 《美国愤怒于英国参与中国发起的亚投行》，https://www.theguardian.com/us-news/2015/mar/13/white-house-pointedly-asks-uk-to-use-its-voice-as-part-of-chinese-led-bank，2015年3月13日。

③ 《中欧合作2020战略规划》，http://eeas.europa.eu/archives/docs/china/docs/eu-china_2020_strategic_agenda_en.pdf，2013年。

中国的奇迹——达成理解的必要性

风险与机遇

从一开始，中国在欧债危机期间的政策就很谨慎。事实上，这期间很多欧洲国家为中国的国企和私企创造了许多投资机会，这里面不仅包括那些为履行备忘录义务而不得不迈向私有化的南欧国家，还包括那些经济更为发达、从理论上来说不需要第三国投资的国家。中国的经济活动是经过精心研究的，是根据每个欧洲国家的特点而定的。或通过收购，或通过投资，或通过商业伙伴关系，或通过商业贷款，中国正在加强其在欧洲的经济影响力。正如在"新丝绸之路"一章所述，中国不仅利用这些经济活动来开辟新的贸易路线并为中国的企业提供新的投资对象，而且还为自身发展获得了宝贵的（主要是技术方面的）经验。

中国在欧洲债务危机中扮演了一个很低调的角色。其主要意图是间接地、谨慎地为维持相对稳定尽一份力，同时加强自身的国际地位——前提是不激怒欧洲社会，正如我们稍后将在希腊危机这一案例中看到的那样。自2003年以来，中国关于欧盟的白皮书一直在强调"尽管面临许多困难和挑战，但欧洲一体化进程是不可逆转的，欧盟将在地区和国际事务中发挥日益重要的作用"。[①] 十一年后的

[①] 《中国对欧盟政策文件》，http://gr.china-embassy.org/eng/zgyom/，2003年。

2014年，第二份政策文件指出"中国与欧盟合作应对国际金融危机"。① 换句话说，欧元区的稳定和欧盟的稳定都是对中国有利的。这一点在之后的英国脱欧事件中就能看出。2016年英国就脱欧一事公投不久后，李克强总理就公开表达了对未来的担忧。② 尽管中国政府通常都为任何可能的情况做好充分的准备，但它不想在不稳定和不确定的情况下启动替代计划。

对于中国而言，自2010年以来欧盟和欧元区爆发的危机最先引发的是对自身将要受到的影响的思考。欧洲对中国的直接投资并不会受到大的影响，2015年，当欧洲对华（包括中国香港）直接投资从2010年的183亿欧元"跌至"150亿欧元时，这种感觉就更明显了。③ 中国最大的担忧是，欧元区可能的解体将动摇全球多边经济体系的核心。首先，经济上的损失是一定的。中国拥有各种货币的现金储备，包括将要贬值的欧元。此外，中国对欧洲出口

---

① 《深化互利共赢的中欧全面战略伙伴关系——中国对欧盟政策文件》，https://www.fmprc.gov.cn/mfa_eng/wjdt_665385/wjzcs/t1143406.shtml，2014年4月2日。

② Li Qiaoyi:《英国脱欧后，李克强总理呼吁共同应对经济挑战》，http://www.globaltimes.cn/content/990913.shtml，2016年6月28日。

③ 《档案：欧盟与金砖四国之间的对外直接投资》，数据资料详见：https://ec.europa.eu/eurostat/statistics-explained/index.php/Archive:Foreign_direct_investment_between_the_European_Union_and_BRIC，2018年1月26日。

商品的价格将无限期上涨。最后，在战略层面上，如若欧元区解体，美元的绝对统治地位将得以巩固，而这与中国政府希望存在能与之竞争的其他强势货币的愿望相悖。因此，对中国而言，欧洲债务危机期间中国的选择不是零和博弈的一部分，而是在全球化环境下确保稳定的必要行动。

重新审视

直到2016年，中欧关系的发展都是相对和谐的，但中国对欧投资的快速增长引发了布鲁塞尔方面的重新思考。就连此前一直对任何形式的中国投资均敞开大门的德国，也决定要对来自中国的投资设限。2016年10月，德国总理安格拉·默克尔出于国家安全的考虑，决定阻止中资企业收购德国的科技公司爱思强（Aixtron）。[1] 奥巴马总统就曾怀疑中国的投资具有地缘政治的性质，或许是受到他的影响，这位德国领导人做出了一个将导致欧洲政策改革的决定。从中国的角度来看，德国总理拒绝中企收购"爱思

---

[1] 玛丽亚·谢汉（Maria Sheahan）、卡罗琳·科普利（Caroline Copley）：《德国以安全方面的顾虑为由叫停中国对 Aixtron 的收购》，https://www.reuters.com/article/us-aixtron-m-a-fujian-germany/germany-stalls-chinese-takeover-of-aixtron-citing-security-worries-idUSKCN12O13G，2016年10月24日。

强"的决定反映了美国渴望在必要时打击中国商业行为的意愿。①

2016年10月,国际货币基金组织决定将人民币纳入特别提款权(SDR)货币篮子。② 英国、法国和德国这几个欧洲大国此前都曾在这件事上支持过中国。③ 然而2016年,在新的形势下,欧盟依然拒绝承认中国市场经济地位。④ 布鲁塞尔方面做出此决定后,不仅欧洲的工业企业家和贸易商对未来的财务损失感到担忧,中国方面也感到失望,毕竟中国原本希望这一次也能获得欧洲的支持,就像此前支持人民币纳入特别提款权一样。

对于中国而言,中国加入世界贸易组织已二十年之久,是时候获得相对认可了。再者,中国的飞速发展是其理应被承认的最好证明。然而,与美国和日本保持一致的

---

① 《中国批评美国阻止中企收购德国爱思强》,https://www.reuters.com/article/us-aixtron-m-a-china/china-criticizes-u-s-for-blocking-german-aixtron-deal-idUSKBN13Y0ES,2016年12月9日。

② 弗朗索瓦·戈德曼(FrançoisGodement):《中国,人民币与国际货币基金组织》,欧洲国际关系理事会(ECFR)研究报告,https://www.ecfr.eu/page/-/CA_FEB_2016.pdf,2016年2月。

③ 王红英:《无事生非?人民币纳入特别提款权货币篮子》,国际治理创新中心(CIGI)研究报告,https://www.cigionline.org/sites/default/files/cigi_paper_84web.pdf,第84号,2015年12月。

④ 吉塞拉·格里格(Gisela Grieger):《来自倾销和补贴进口产品的保护》,欧洲议会研究机构(EPRS)的研究报告,http://www.europarl.europa.eu/RegData/etudes/BRIE/2017/595905/EPRS_BRI(2017)595905_EN.pdf,2018年2月15日。

中国的奇迹——达成理解的必要性

欧盟选择了犹豫的态度，称中国市场的运行没有以世界贸易组织的标准为基础。① 2016年5月，欧洲议会全体会议以压倒性票数通过一项非立法性决议，拒绝承认中国市场经济地位。其中一个重要原因是，如果中国获得市场经济地位，将有可能对欧洲钢铁业造成冲击，并致使失业。② 一些欧洲民众认为，如果布鲁塞尔方面作出相反的选择，中欧关系将进一步升级，可是他们的声音在那之后也减弱了。

于是，自2016年以来，在同一片欧洲大陆上，关于中国事务却开始了另一种讨论，这与前几年欧洲对华的开放政策截然不同。法国新总统伊曼纽尔·马克龙在2017年5月上任后，表现出了和德国总理一样的担忧。因此，2017年9月，欧盟委员会主席让-克洛德·容克表示需要更好地审查欧洲的外来投资。③ 他没有明确提及中国，却意指中国。欧盟决心加强其体制框架。它鼓励成员国在与中国公司进行投资合作之前先咨询欧盟委员会。欧盟的新政策虽然没有法律约束力，却给成员国施加了政治压力，要求

---

① 《主要贸易伙伴否认中国市场经济地位》，http://country.eiu.com/article.aspx?articleid=604907044，2016年12月13日。
② 欧洲议会于2016年5月12日发布了关于中国市场经济地位的决议，该决议详见：http://www.europarl.europa.eu/doceo/document/TA-8-2016-0223_EN.html，2016年5月12日。
③ 《让-克洛德·容克主席2017年盟情咨文演说》，http://europa.eu/rapid/press-release_SPEECH-17-3165_en.htm，2017年9月13日。

它们对中国国有企业的经济战略保持谨慎态度。通过引入一种新型的保护主义，布鲁塞尔方面试图阻止中国的战略投资。实际上，2017 年和 2018 年中国在欧洲的投资有所下降，分别降至 291 亿欧元和 173 亿欧元（表 3-3）。[①]

表 3-3　　　　2010—2018 年中国对欧投资额　　　　单位：亿欧元

年份	中国对欧投资额
2010	21
2011	79
2012	102
2013	67
2014	147
2015	207
2016	372
2017	291
2018	173

（数据来源于荣鼎集团）

除了审查机制外，欧盟用来控制中国公司参与欧洲项目的最重要的工具是宣布招标，以避免草率地与外国公司签合同，同时增强透明度。这种机制已经产生了一些效果。例如，欧盟委员会审查了中国一个重要的项目，该项

---

① Thilo Hanemann、Mikko Huotari、Agatha Kratz：《中国在欧洲的外国直接投资：2018 年新筛选政策的趋势和影响》，德国墨卡托中国研究中心（MERICS）和美国荣鼎咨询公司（Rhodium）的研究报告，https://rhg.com/wp-content/uploads/2019/03/RHG-MERICS-COFDI-Update-2019.pdf，2019 年 3 月。

目计划在布达佩斯和贝尔格莱德之间建设高速铁路。① 欧盟声称会评估这个 29 亿美元的项目的财务可行性，并称匈牙利无视欧盟的有关法律，因为匈牙利没有宣布招标。② 这个问题直到今天仍然很复杂，而对于非成员国塞尔维亚来说就不存在这样的问题。

一般情况下，密切审查投资实际上可能会导致项目的延迟。但是，仅仅取消中国的国有企业的项目计划是不够的，因为这些公司会适时调整其政策然后参加公开招标并达到必要的标准。欧洲无法回答的问题是，如果中国公司提供比西方公司更好的报价，或者其竞争对手退出竞争或从一开始就对项目不感兴趣，该如何应对。最典型的例子就是中国路桥集团在克罗地亚建造佩列沙茨跨海大桥这一项目。该项目由凝聚力基金提供了 3.57 亿欧元的资金，③

---

① 《欧盟驻华代表团就中国媒体对贝尔格莱德—布达佩斯铁路项目的有关报道的回应》，https://eeas.europa.eu/delegations/china/21594/reply-eu-delegation-china-recent-media-reports-related-belgrade-budapest-railway-project_en，2017 年 2 月 28 日。

② Jens Bastian：《中国基础设施投资在中欧和东南欧"巴尔干丝绸之路"上的增长潜力》，欧洲复兴开发银行网站发布的研究报告，https://www.ebrd.com/news/2017/what-chinas-belt-and-road-initiative-means-for-the-western-balkans.html，2017 年 9 月 11 日，第 36 页。

③ 《委员会批准了欧盟对克罗地亚佩列沙茨跨海大桥项目的资助》，https://ec.europa.eu/regional_policy/en/newsroom/news/2017/06/06-07-2017-commission-approves-eu-financing-of-the-peljesac-bridge-in-croatia，2017 年 6 月 7 日。

在招标后被批给了参与竞标的路桥集团。尽管整个过程是完全合法和透明的,但克罗地亚总理安德烈·普伦科维奇却为此经常受到批评。[①]

欧洲的公司很难与中国的国企和私企竞争。后者在技术、技能、组织方面表现良好,并具有充足的流动资金储备。关于国有企业,我们已经看到,社会主义市场经济体制于1993年被写入宪法,它的实行使国有企业能够像私有企业一样参与营利的项目。此外,中国的企业愿意去投资一些欧洲公司不愿投资的地区,尽管在这些地区投资经常会遇到阻力,例如不稳定的投资环境、高税收、官僚主义和强势的工会等。自欧元区债务危机开始以来,局势逐渐朝着有利于中国企业的方向发展,这一局势给布鲁塞尔方面造成的问题,直到后期才显现出来。

为了减少中国公司的投资,欧盟可能会采用两种方式。首先是采用这样的观念:不同的中国公司应被视为一个整体,因为欧盟认为这些公司的主要股东都是中国这个国家。这将使中国公司的投资很难符合欧洲的法规,例如在运输、生产和能源供应领域。其次是调整欧洲的竞争政

[①] Jacopo Barigazzi:《克罗地亚总理的欧洲野心》,https://www.politico.eu/article/croatian-prime-minister-andrej-plenkovic-european-ambition/,2019年5月9日。

策，使其适应新的形势。① 2019年初，欧盟委员会否决了德国西门子公司与法国阿尔斯通公司在铁路领域的合并计划，这两家公司想要打造一个能够与中国国有企业竞争的"欧洲冠军"。② 不过，预计法国和德国会继续施压，让欧盟给该计划和未来可能出现的此类合并计划开绿灯，并寄希望于通过这种方式来加强欧洲工业。

平衡

欧洲的学界和媒体有时会培养出一种"仇中"的气氛，这是双方之间的经济差异造成的。然而实现一种折中方案是有可能的，而且这似乎是唯一可行之路。欧盟于2018年9月发布的欧亚互联互通战略反映了其在提高互惠性和透明度以及强调环境保护方面的立场。③ 尽管这一战略还停留在理论阶段，不能与已经投入实践并产生切实成

---

① Konstantinos Efstathiou：《阿尔斯通与西门子的合并以及对"欧洲冠军"的需求》，https://bruegel.org/2019/03/the-alstom-siemens-merger-and-the-need-for-european-champions/，2019年3月11日。

② 《欧盟委员会否决西门子和阿尔斯通合并计划》，http://europa.eu/rapid/press-release_IP-19-881_en.htm，2019年2月6日。

③ 《连接欧洲和亚洲——对欧盟战略的设想》，https://eeas.europa.eu/sites/eeas/files/joint_communication_-_connecting_europe_and_asia_-_building_blocks_for_an_eu_strategy_2018-09-19.pdf，2018年9月19日。

果的"一带一路"倡议相提并论，但它已经被解读为欧盟对中国"一带一路"倡议的"回应"。欧盟要求在中国市场以及中国政府主导的经济合作中占有更大的份额。

近年来，美国总统唐纳德·特朗普的某些政策使得中欧关系更加密切，这不失为中欧关系里非常有趣的一点。[1] 随着美国退出一些重要的国际协议，例如2015年的《伊朗核问题协议》和2016年关于气候变化的《巴黎协定》，中欧之间选择一条折中道路将有助于维持一个多极世界带来的利好。或许有些讽刺的是，正是特朗普总统的一些决定促使了中欧间加强对话，尽管对话看上去那么复杂，它最终都可能会证明能让中欧"合"的因素要多于"分"。

同时，中国和欧盟正在寻找一个共同的基点，以便在贸易战的炮火下更好地保卫自由贸易。对特朗普总统提出的新保护主义及其给世界经济造成的不确定性，中欧双方都表达了质疑。在此背景下，2019年4月，双方在《第二十一次中国—欧盟领导人会晤联合声明》中重申，将在

---

[1] ［希］乔治·N. 佐戈普鲁斯（George N. Tzogopoulos）：《欧盟、中国与特朗普效应》，欧洲研究国际中心（CIFE）研究报告，https://www.cife.eu/Ressources/FCK/files/publications/policy%20paper/CIFE_PP59_Tzogopoulos_EU_Trump_China.pdf，第59期，2017年9月15日。

2020年达成高水平的中欧投资协定。① 有关谈判自2013年以来一直在进行，而且十分复杂。即使在实践中遵循2020年这一截止时间并非易事，但双方所表现出的迫切态度反映了他们的决心。欧盟的立场当然是微妙的，因为它可能给人以夹在中美之间的印象。只要注意避免引火烧身，欧盟可以在遵循其传统原则的基础上，在多极世界中更多地倡导调解和平衡。中国对此在很大程度上也是同意的。

双边关系的现实主义

中欧关系的未来比起悲观更需要被乐观地看待。除了在当今全球化环境中不可逆转的相互依存关系之外，大多数欧盟成员国继续与中国保持着良好的关系，并希望这一关系能更进一步。现实情况是，从2017年起，欧盟委员会的路线未必与各成员国政府的对华政策相一致。欧盟统计局统计的2018年欧盟各国与中国贸易往来总额的数据反映了它们之间的相互作用（表3-4和表3-5）。例如，就出口而言，德国作为欧洲经济最强大的国家，比其他任何国家都更加依赖中国市场。因此，其他国家寻求相应的利益是完全合情合理的。

---

① 《中国—欧盟领导人会晤联合声明》，https://www.consilium.europa.eu/media/39020/euchina-joint-statement-9april2019.pdf，2019年4月9日。

表 3-4　2018年欧盟成员国自华进口贸易额，及其占自非欧盟成员国进口贸易额的百分比

国家	自华进口贸易额（单位：亿欧元）	比例（%）
荷兰	852	28.7
德国	754	20.6
英国	533	19.8
意大利	307	17.7
法国	293	16.7
西班牙	225	16.5
波兰	179	26
比利时	151	11.2
捷克	131	35.5
瑞典	76	17.6
匈牙利	64	24.9
丹麦	61	23.5
奥地利	54	14.8
罗马尼亚	44	21
爱尔兰	35	11.4
希腊	35	13.4
斯洛伐克	23	17.9
葡萄牙	23	12.9
芬兰	21	10.7
斯洛文尼亚	17	15.2
保加利亚	13	15
立陶宛	8	8.8
克罗地亚	8	15.3
爱沙尼亚	6	18.2
拉脱维亚	4	11.9
卢森堡	4	18.6

中国的奇迹——达成理解的必要性

续表

国家	自华进口贸易额 （单位：亿欧元）	比例 （%）
塞浦路斯	3	10.1
马耳他	2	13.9

（数据来源于欧盟统计局）

表 3-5　2018 年欧盟成员国对华出口贸易额，及其占对非欧盟成员国出口贸易额的百分比

国家	对华出口贸易额 （单位：亿欧元）	比例 （%）
德国	937	17.3
英国	233	10.7
法国	208	10.3
意大利	131	6.5
荷兰	111	7.1
比利时	69	6.5
瑞典	65	11.5
西班牙	62	6.4
爱尔兰	46	6.6
奥地利	42	9.5
丹麦	37	10.5
芬兰	35	13.6
捷克	21	8.1
波兰	21	4.9
匈牙利	15	7.8
斯洛伐克	13	11.8
希腊	9	5.7
保加利亚	7	8.5

续表

国家	对华出口贸易额（单位：亿欧元）	比例（%）
葡萄牙	6	4.7
罗马尼亚	6	4.2
斯洛文尼亚	5	6
卢森堡	2	10.2
立陶宛	1.8	1.6
爱沙尼亚	1.8	4
拉脱维亚	1.5	3.4
克罗地亚	1.3	2.8
塞浦路斯	0.6	2.1
马耳他	0.3	3

（数据来源于欧盟统计局）

可以列举出来的优秀的双边合作案例有很多，不仅涉及德国。2019年3月，在习近平主席访问法国期间，双方签署了有关法国向中国公司出售300架空客飞机的协议。[①] 同一时间，意大利与中国签署了一项有关共建"一带一路"的协议。意大利政府认为对华出口仍有很大增长空间。出口是意大利经济的推动力，2018年，意大利的出口

---

① 《中国和空客扩大在民航领域的合作伙伴关系》，https://www.airbus.com/newsroom/press-releases/en/2019/03/china-and-airbus-expand-their-partnership-in-civil-aviation.html，2019年3月25日。

中国的奇迹——达成理解的必要性

总额超过 4600 亿欧元，而中国仅是意大利的第十大出口国。① 根据最近达成的协议，罗马方面希望向中国市场供应更多的农产品、肉食品和红酒等。②

在投资方面，欧盟最强大的几个国家继续将中国视为重要的合作伙伴。英国、法国和德国吸纳的中国资金份额为 45%。③ 英国的情况尤其值得关注，该国在 2016 年 6 月举行全民公决后认为，构建与中国合作的新框架是英国后脱欧时代的主要优先事项。稳住两国在金融领域的双边合作，对于伦敦保持其国际金融中心的地位至关重要。近来人民币交易的增长并非偶然。④ 欧盟里相对小一些的国家也纷纷效仿大国的路线。2018 年 11 月，葡萄牙与中国签署了关于共建"丝绸之路"的谅解备忘录，希望

---

① ［希］乔治·N. 佐戈普鲁斯（George N. Tzogopoulos）：《中国和意大利将踏上"一带一路"新征程》，http://www.china.org.cn/opinion/2019-04/08/content_74657073.htm，2019 年 4 月 8 日。

② 《意大利与中国签署了从燃气轮机到热那亚的所有协议》，https://www.corriere.it/economia/lavoro/19_marzo_23/tutti-accordi-firmati-la-cina-turbine-gas-genova-86210584-4d5f-11e9-8911-13a101900170.shtml，2019 年 3 月 23 日。

③ Thilo Hanemann、Mikko Huotari、Agatha Kratz：《中国在欧洲的直接投资：2018 年新筛选政策的趋势和影响》，第 10 页。

④ Nikou Asgari：《伦敦巩固其全球最大离岸人民币交易中心地位》，https://www.ft.com/content/6764b272-60fa-11e9-a27a-fdd51850994c，2019 年 4 月 17 日。

它将吸引更多中国投资。① 2019 年 5 月，该国成为欧元区首个发行人民币债券的国家。② 卢森堡也签署了类似的备忘录。③

机遇

要想更有效地分析中国与欧盟之间的关系，我们不仅需要关注布鲁塞尔方面与北京方面的整体关系，还需要关注中国与欧盟单个成员国的关系。另一种建立贸易联系的合作机制是"17+1"（中国—中东欧合作）倡议。不少来自东欧和中欧的欧盟成员国加入了该合作机制，此外还有希腊和一些不属于欧盟的巴尔干国家，如阿尔巴尼亚、黑山、塞尔维亚等。布鲁塞尔方面和柏林方面认为中国此举是在试图分裂欧盟。2017 年，时任德国外长的西格玛·加

---

① 《中葡将寻求更多合作进展》，http://www.xinhuanet.com/english/2018-12/05/c_137651874.htm，2018 年 12 月 5 日。

② Silvia Amaro：《葡萄牙成为欧元区首个发行人民币债券的国家》，https://www.cnbc.com/2019/05/30/portugal-first-euro-zone-country-to-issue-bonds-in-china-currency.html，2019 年 5 月 30 日。

③ Stephanie Bodoni：《卢森堡与中国就"一带一路"倡议签署协议》，https://www.bloomberg.com/news/articles/2019-03-27/luxembourg-signs-accord-with-china-on-belt-and-road-initiative，2019 年 3 月 27 日。

布里埃尔（Sigmar Gabriel）就此直接批评中国。① 中国外交部对该外交立场表示抗议。② 对中国而言，"17+1"倡议有利于其对欧政策，而对那些经济不如欧洲核心国家发达的欧洲国家而言，该倡议符合它们希望从该地区的开放中获益的意愿。"17+1"倡议体现了中国逻辑。中国有能力说服政治家和大众按照互惠互利的逻辑与之合作，这仍然是其主要优势。

总之，欧盟设法捍卫欧洲利益是完全合法的。但是，在视中国为"体制竞争对手"这一点上，欧盟更应该做的是将这个说辞作为讨价还价的筹码，而不是在实际政策上孤立中国，因为双方的实质性合作还有很大的空间。从中国的角度来看，布鲁塞尔方面新提出的互联互通战略绝非竞争平台。对此，中国外交部表示"期待欧盟在促进亚欧互联互通方面发挥建设性作用"。③ 中国深知，要想更好地实施"一带一路"倡议，就必须与其他政策合作。没有

---

① 《加布里埃尔呼吁警惕中国分裂欧洲》，https://de.reuters.com/article/deutschland-eu-china-idDEKCN1BA1XU，2017年8月30日。

② 《德国外长要求中国遵循一个欧洲原则，中方表示吃惊》，https://news.cgtn.com/news/3359544e32557a6333566d54/share_p.html，2017年9月1日。

③ 《新华头条：欧盟的欧亚互联互通战略对于"一带一路"倡议意味着合作而非竞争》，http://www.xinhuanet.com/english/2018-10/06/c_137514118.htm，2018年10月6日。

"一带一路"沿线国家的支持,尤其是欧盟的支持,仅凭中国一己之力是无法推动该倡议的实施的。

2018年,6363班货运列车在59个中国城市和49个欧洲城市之间穿梭运营,这一数字比2017年增长73%。[1] 其中,许多班次的火车通常满载着产品运往欧洲,回来时却有一半的车厢是空着的。如果欧盟能够更好地利用现有的基础设施,并在必要时提出新的想法,那么它可以增加对许多亚洲国家(不仅仅是中国)的出口。条件对欧盟来说是有利的,因为中国有意通过扩大进口来推动深化中欧关系、缓和中美关系。欧盟对中国的贸易逆差将减少,这将有助于改善经济环境。这种改善将加强双方之间的对话,通过对话来给欧洲的公司提供更多进入中国和欧亚地区的机会,并在欧亚地区乃至非洲和拉丁美洲建立更多的伙伴关系。

---

[1] 《2018年中欧货运列车运营班次激增》,http://www.chinadaily.com.cn/a/201901/19/WS5c42cf07a3106c65c34e5661.html,2019年1月19日。

第四章　以希腊为例

"一带一路"倡议在当代拉近了中国和希腊之间的距离。中远集团在比雷埃夫斯港的投资在政治、经济和文化层面加强了双边关系，也引起了国际上的关注。希腊的案例令人特别感兴趣，因为这是一个理想的机会，可以研究中国对另一个国家（本案例中实际上是一个欧盟成员国）的外交和经济政策在实践中能否紧跟理论。摆在面前的关键问题有两个。首先，中国公司在希腊的活动是否表明确实有可能产生互惠互利的结果？其次，欧盟曾就一些有争议的不透明过程和结构性依赖关系对中国进行了批评，这些批评是合理的还是夸大其词？希腊的案例不仅提供了重要的答案，还为未来提供了经验。

历史背景

在描述当前中希关系的方方面面之前，必须考虑到历史背景，这对于代表着古代文明的两个国家而言尤为重要。两国能在当代进一步发展双边关系，与他们深厚的文化历史不无关系；同时，中国对希腊的尊重和欣赏很大程度上要归因于对古希腊文化的认可。据了解，古希腊人知道中国的存在正是因为丝绸。地理学家帕萨尼亚斯（Pausanias）在他所著的《希腊志》中提及丝绸，说"在他们国内生存有一种小动物，希腊人称之为'赛尔'（ser，即蚕）；希腊人称他们国家为赛里斯（Seres）"。地理学家斯特拉波（Strabo）曾引述阿特米多鲁斯（Artemidorus）的记载说："巴克特里亚的希腊国王们甚至将他们的帝国向东扩展到远至赛里斯（Seres）和弗里尼（Phryni）的地方。"[①] 通常来说，如果从遥远的地方引进了一种物品，却没有将其名称一同引进的话，人们就会以其原产地的名字来给它命名。因此，由于产生相关纤维的昆虫被称为"赛尔"（希腊文σήρα，拉丁文 ser），因此其养殖地自然被称为"赛里斯"（希腊文σηροτροφία，拉丁文 seres 或 serica，为英文单词 sericulture 的词源）。

至于古丝绸之路本身，希腊地理学家马里诺斯·提里

[①] 2015 年 3 月 18 日，笔者对雅典大学考古学名誉教授赫里斯托斯·杜马斯进行了书面采访。

奥斯（Marinos Tyrios）记录了一段通往"赛里斯王国"的通道。① 这段旅程是马其顿人马伊斯·提提阿诺斯（Mais Titianos）完成的，他的经历表明，商人从位于中亚的"石塔"出发，到达了当时中国的首都洛阳（今位于河南省）。克罗狄斯·托勒密（Claudius Ptolemy）在完成于公元150年左右的《地理学》一书中引述了马里诺斯·提里奥斯的记载，包括其所述的贸易路线。根据《地理学》一书的描述，从上述起点到终点的旅程持续了七个月，返程则用了十四个月。但是，克罗狄斯计算得出，实际上这段距离比马里诺斯·提里奥斯所描述的要短，这是因为商人走走停停，且到了冬天旅行通常会变得更加艰难。②《地理学》一书后来对欧洲了解东方产生了重大影响。

除了古希腊之外，还有必要提及的是中国与拜占庭的联系，尤其是拜占庭派往中国的使节。③ 在中国出土的东罗马帝国钱币证实了这种联系。④ 查士丁尼大帝在位期间，

---

① 杰弗里·勒纳（Jeffrey D. Lerner）：《托勒密与丝绸之路：从巴克特里亚王国到赛里斯都会》，《东西方》1998年第48卷第1—2期。

② 王灵桂等：《"一带一路"简明读本》，中国五洲传播出版社2018年版。

③ Michael S. Kordosis：《从中国到拜占庭：溯源中国》，《拜占庭的交流：第二届国际研讨会论文集》1993年版，第551—564页。

④ 李强：《中国出土的罗马钱币及其研究》，*Eirene Studia Graeca et Latina* 2015年版，第289页。

第四章　以希腊为例

东罗马帝国十分重视丝绸的进口。他的目标是避开波斯，因为波斯为过境贸易商人开出了高额税收。[1] 因此，查士丁尼大帝试图另辟道路，从博斯普鲁斯海峡、克里米亚和高加索地区绕道而行。但是，这条路走起来十分困难，因此并没有动摇波斯在贸易中的主导地位。[2] 但是拜占庭习得了丝绸的秘密，这要归功于查士丁尼大帝派往中国的两位使节，他们设法将蚕藏在空心的拐杖中带回了君士坦丁堡。[3] 从此，丝绸逐渐成为拜占庭国家的重要收入来源，丝绸的使用也成为了重要的科研主题。[4]

比较的魔力

由于中国和希腊代表着两个古老的文明，国际社会上向来有着比较二者的兴趣。历史是两国之间的交汇点，其中，我们可以做一些哲学方面的比较。苏格拉底、柏拉图

---

[1] Nicolas Oikonomides：《从六世纪到九世纪的丝绸贸易和拜占庭：关务专员的印章》，《敦巴顿橡树园文集》1986年第40卷，第33页。

[2] Georg Ostrogorsky：《拜占庭国家的历史》，Stefanos Vassilopoulos 出版社1995年版，第139—141页。

[3] 威廉·沙利文（William Sullivan）：《因果：从476年罗马帝国的衰落到1517年的宗教改革》，Wm. A. Hall 出版社1838年版，第487页。

[4] 罗伯托·萨巴蒂诺·洛佩兹（Roberto Sabatino Lopez）：《拜占庭帝国的丝绸工业》，《窥探：中世纪研究》1945年第20卷第1期。

中国的奇迹——达成理解的必要性

和亚里士多德的作品与孔子、孟子和荀子的作品有相似之处。例如，苏格拉底和孔子都认为自己有着神圣的传授价值观的使命，尽管前者似乎比后者更批判传统。① 此外，亚里士多德认为德行的标准是两种极端之间的中道，例如勇气就是胆怯和粗鲁之间的中道，这与孔子的中庸思想有异曲同工之妙。② 总体而言，希腊人作为埃及和西亚文明世界的新来者，他们在视野和性格方面更具试验性。他们不得不应对更多样的政治制度，并被迫重塑国家。而站在中国人的角度，他们拥有东亚最灿烂的文化和最强大的帝国，也更愿意将自己视为世界的自然中心。③

此外，都有着"历史之父"之称的希罗多德与司马迁也有着重要的相似之处。两者都对边界和文化差异感兴趣，并重视对各自国家的"蛮夷"的刻画。不仅如此，希

---

① 迈克尔·彼得斯（Michael A. Peters）：《苏格拉底与孔子：学习的文化基础与道德准则》，《教育哲学与理论》2015年第47卷第5期；对柏拉图和孔子的比较，参见 Eleni Avramidou《智者之王，柏拉图和孔子的基础问题》，博士学位论文，塞萨洛尼基亚里斯多德大学，2010年。

② 于继元（音）：《美德：孔子和亚里士多德》，《东西方哲学》1998年第48卷第2期；对亚里士多德和孟子的比较，参见道格拉斯·罗宾逊（Douglas Robinson）《孟子和亚里士多德修辞学的深层生态》，纽约州立大学出版社2017年版；对亚里士多德和荀子的比较，参见埃里克·赫顿（Eric Hutton）《亚里士多德与荀子的道德推论》，《中国哲学》2002年第29卷第3期。

③ 2014年11月8日，作者对乌得勒支大学思想史名誉教授 Siep Sturman 进行了书面采访。

罗多德和司马迁都意识到，只有与世界历史的大背景联系起来，才能理解自己国家的文化。换句话说，他们将历史视为对过去的重要研究，以便在不确定和危险的时刻给人们以启迪。两者之间的不同是，希罗多德对统治者的批评是他直接表达出来的，而司马迁则效仿孔子作《春秋》，认为批评政府官员甚至皇帝是历史人物的职责。因此，在司马迁的笔下，这些批评往往出自故事主人公之口。① 除了历史和哲学问题外，古代中国和希腊在宇宙学、科学和医学方面的比较作品也很丰富。② 关于地球的形状、人体的表象以及健康和疾病的讨论十分有吸引力，并且显然已经超越了国界。③

中国翻译的第一本古希腊书籍是欧几里得的数学巨著《几何原本》。传教士利玛窦（Matteo Ricci）于 16 世纪末将该书带到了北京，随后他与中国学者徐光启一起将其翻

---

① Siep Stuurman：《希罗多德和司马迁：古希腊和中国汉代的历史与人类学转向》，《世界历史》第 19 卷第 1 期。
② 杰弗里·劳埃德（Geoffrey Lloyd）、内森·西文（Nathan Sivin）：《道路与语言：早期中国和希腊的科学与医学》，耶鲁大学出版社 2002 年版。
③ 栗山茂久（Shigehisa Kuriyama）：《身体的语言——古希腊医学和中医之比较》，Zone Books 出版社 2002 年版；德克·库普里（Dirk L. Couprie）：《当地球是平的：古希腊和中国宇宙学研究》，施普林格出版社 2018 年版。

译为中文。① 到了现代，《奥德赛》早在中华人民共和国成立前 23 年就被翻译成中文。② 20 世纪我们不能忘记的还有尼科斯·卡赞扎基斯（Nikos Kazantzakis）对中国的两次访问，第一次是在 1935 年，当时他还是历史悠久的《卫城报》的记者；第二次则是在 22 年后的 1957 年，这一次他得到了中国总理周恩来的接见。卡赞扎基斯第一次访问的成果是《中国日本纪行》一书。很难相信这位作家在几十年前就如此具有前瞻性。卡赞扎基斯深入挖掘和体会了中国文化的根基，并选择用一个希腊神话向读者揭示这个伟大的亚洲国家将经历的缓慢而稳定的进步。他从那时起就预见了这一切。③

通往和谐合作的道路

如果我们比较希腊和中国的现代史，就会发现一个特别有趣的情况，那就是两国几乎是在同一时期遭受了内战的打击。内战的结果是不同的，意识形态斗争的强度是空

---

① 徐一宝（音）：《欧几里得几何原本最后九本书的最初中文译本及其来源》，《数学史》2005 年第 32 卷，第 5—6 页。

② 刘金玉（音）：《中文里的维吉尔》，出自《维吉尔及其译者》一书，Susanna Braund 和 Zara Martisorova Torlone 编，牛津大学出版社 2018 年版，第 227 页。

③ 尼科斯·卡赞扎基斯（Nikos Kazantzakis）：《中国日本纪行》，卡赞扎基斯出版社 2009 年版。

前的。值得注意的是，1945年毛泽东谈及他的对手时说："出了斯科比，中国变成希腊。"① 毛泽东提到的斯科比是当时英国派驻希腊的英军司令，1944年12月，斯科比指挥英军并协助希腊政府进攻长期英勇抵抗德军的希腊人民解放军，屠杀希腊爱国人民。两国各自的内战结束后，中希关系自然受到国际环境的影响。希腊承认台湾为中国的唯一合法代表，并在朝鲜战争中派出部队加入联合国军。雅典大学近年发表的一篇博士论文称，希腊共产党曾寻求过中国共产党的协助，以应对希腊政府的敌对情绪。②

1972年中美关系破冰后，希腊和中国建立了外交关系。当年6月6日，希腊正式承认中华人民共和国，并撤除驻台湾的大使馆。根据斯拜罗德纳斯（Spyridonas Markezinis）的说法，这一举动在当时是正确且勇敢的。③ 1973年5月，尼古拉斯·马卡雷佐斯上校成为第一位对北京进行正式访问的希腊政府官员。④ 希腊与中国建交后，双方开始探索新的合作框架，特别是在1974年希腊恢复民

---

① 《毛泽东文集》第3卷，人民出版社1996年版，第320页。
② 吴越：《希腊与中华人民共和国：态度与政策，1946—1967》，博士学位论文，雅典国立与卡珀得斯兰大学，2013—2014年。
③ Spyridonas Markezinis：《回忆录：1972—1974》，Spyridonas Markezini，第117页。
④ 《希腊官员前往北京进行为期6天的访问》，《纽约时报》1973年5月20日（报纸的历史档案参见：https://www.nytimes.com/1973/05/20/archives/a-greek-official-leaves-on-6day-trip-to-peking.html）。

中国的奇迹——达成理解的必要性

主之后。在政治上,两国在两个重要问题上达成了共识:一方面,希腊尊重一个中国政策;另一方面,中国以安理会常任理事国的身份支持在联合国主持下解决塞浦路斯问题。

对于1972年以后的新时期双边关系特别重要的是,康斯坦丁诺斯·卡拉曼利斯(Konstantinos Karamanlis)于7年后的1979年访问中国。这位希腊总理此前就已经宣布在国际舞台上寻求友谊与合作,不论另一国的政治和社会体制如何。① 在结束了对莫斯科的访问后,他于1979年11月12—16日访问了北京,与中方领导人就双边及更广泛的问题进行了深入的对话。他们的立场聚焦在捍卫和平和谴责霸权的必要性上。彼时希腊还不属于欧洲经济共同体,但中国领导人那时就表示,相信一个统一的欧洲不仅将满足欧洲人民的利益,而且将为维护世界稳定作出贡献。访问期间,卡拉曼利斯向邓小平详细介绍了希腊在塞浦路斯问题和马其顿问题上的立场。提及中东时,双方都同意巴勒斯坦需要承认以色列,并建立一个巴勒斯坦国。②

1986年4月,希腊总理安德烈亚斯·帕潘德里欧

---

① 康斯坦丁诺斯·斯沃洛普洛斯(Konstantinos Svolopoulos):《希腊外交政策:1945—1981》,埃斯蒂亚书店出版社2002年版,第207页。

② 《欧洲十大领导人》,"康斯坦丁诺斯·卡拉曼利斯:档案—事件与文章",康斯坦丁诺斯·卡拉曼利斯基金会,《每日报》2005年,第291—302页。

(Andreas Papandreou)访华。期间，他与邓小平会面。他的目标是改善中希关系，并平衡当时中国与土耳其之间的良好合作。他积极寻求在塞浦路斯的希土两族中壮大希族人的势力——这一做法与卡拉曼利斯 7 年前的做法如出一辙。同时，安德烈亚斯·帕潘德里欧十分重视加强贸易联系，这也是他率商人代表团访问中国首都的原因。[1] 返回雅典后，他乐观地表示："这是我有史以来最重要的旅行之一。我认为成果将随着时间的推移而显示出来。"[2]

"冷战"结束后，中希关系进一步改善。[3] 1994 年，中国副总理朱镕基访问了希腊，一年后，卡罗洛斯·帕普利亚斯以外长的身份访华。[4] 1997 年，希腊派遣军舰帮助中国从阿尔巴尼亚撤出了 171 名中国侨民，2011 年和 2014 年又帮助中国从利比亚撤侨。[5] 在科斯塔斯·西米蒂斯总

---

[1] 关于这两次访问，参见狄奥尼西斯·乔舒利斯（Dionysis Chourchoulis）《冷战中的希腊和中华人民共和国，1972—1989》，出自《冷战中的欧洲和中国：超越集团逻辑和中苏分裂的交流》一书，Janick Marina Schaufelbuehl、Marco Wyss、Valeria Zanier 主编，布里尔学术出版社 2019 年版，第 78—80 页。

[2] Fotini Tomai：《紫禁城的爱神》，https://www.tovima.gr/2012/07/15/politics/erws-stin-apagoreymeni-poli/，2012 年 7 月 15 日。

[3] "冷战"结束前不久，赫里斯托斯·萨采塔基斯（Christos Sartzetakis）于 1988 年以希腊共和国总统的身份访华。

[4] 《双边关系》，http://gr.china-embassy.org/eng/zxgx/t146117.htm，2004 年 8 月 3 日。

[5] 《阿尔巴尼亚-KOSMAS 行动-营救外国人》，文章详见希腊国防总参谋部网站，http://www.geetha.mil.gr，2017 年 3 月 15 日。

中国的奇迹——达成理解的必要性

理任职期间，中希关系取得了更大的进步。2000年，江泽民成为首位访问希腊的中国国家主席，他重申了中国维护和平与稳定的坚定立场，特别是对于巴尔干地区，因为战争给该地区造成的伤口仍未愈合，同样没有愈合的还有中国驻南联盟大使馆被轰炸对中国造成的伤口。[1] 科斯塔斯·西米蒂斯总理于2002年访问了中国，这距离希腊总理上一次访华已经过去了16年。他公开表示，在"9·11恐怖袭击事件"之后，国际环境已经开始发生变化。[2] 双边层面最显著的成果之一便是签署了一项关于避免双重征税和逃税的协议，希腊还承诺向中国传授灭火方面的经验和技术。[3]

在西米蒂斯总理任职期间，双方就开展科学技术领域的合作进行了建设性讨论。[4] 双边贸易也开始逐渐增长。希腊对中国的出口额从1999年的1840万欧元增长到2004年的5830万欧元，而同期的进口额则从5.24亿欧元增长

---

[1] Stathis Efstathiadis：《中国如何看待希腊》，https://www.tovima.gr/2008/11/24/archive/pws-blepei-i-kina-tin-ellada/，2008年11月24日。

[2] 《一次圆满的中国之行》，https://www.kathimerini.gr/120544/article/epikairothta/politikh/enas-8aymasios-peripatos-sthn-kina，2002年6月4日。

[3] 《中希达成的协议》，http://www.ekathimerini.com/6160/article/ekathimerini/news/chinese-greek-deals，2002年6月4日。

[4] 《中希科技合作》，http://gr.china-embassy.org/eng/kxjs/kj2/t146158.htm，2004年8月3日。

到 14.19 亿欧元。① 此外，2004 年雅典奥运会和 2008 年北京奥运会为两国打开了新的交流渠道。2002 年，时任文化部长的伊万格洛斯·韦尼泽洛斯（Evangelos Venizelos）大力推进双边合作，他强调两国应加强在文化和教育方面的人员往来，以及在筹办奥运会方面的经验交流。② 这为双方在 2005 年成立中希奥运合作联委会奠定基础。③ 而在呼吁英国归还帕特农神庙的大理石雕刻一事上，希腊也得到了中国的支持。

在加强中希两国的政治和贸易关系上，航运合作是一个连接点。希腊的船只将原材料运送到中国，并将中国的货物运送到全球主要市场。实际上，早在两国建立外交关系之前，希腊船东就曾无视希腊政府的警告，与中国开展了某种合作。④ 同时，多年来，中国一直致力于吸引希腊船东使用中国的造船厂来建造他们的船舶。有些时候合作条件对希腊人十分有利，其中最有利的条件便是可以

---

① 参见希腊银行的年度报告：http://www.bankofgreece.gr/BogEkdoseis/Annrep2004.pdf，2004 年。
② 《中希合作促进文化奥运》，https://www.in.gr/2002/05/20/culture/sinoelliniki-synergasia-gia-tin-prowthisi-tis-politistikis-olympiadas/，2002 年 5 月 20 日。
③ 《中希将成立奥运合作联委会》，http://en.olympic.cn/news/coc_exchanges/2005-07-12/617107.html，2005 年 7 月 12 日。
④ Dionysis Chourchoulis：《冷战中的希腊与中华人民共和国》，第 67 页。

通过中资银行的贷款获得利率相对优惠的融资。[1] 为发展其新兴的造船业和船舶维修业，中国政府利用其船厂以及利率优惠的融资，通过互惠互利的方案来吸引潜在客户。

龙头项目

随着中希关系的不断深厚，双方决定让双边关系更进一步。2006年1月，在卡拉曼利斯总理访华期间，双方建立了全面战略伙伴关系。卡拉曼利斯总理还与胡锦涛主席及温家宝总理就加快在航运和港口管理等领域的合作达成了共识。[2] 当时，中远集团总裁魏家福公开表示未来有可能涉足比雷埃夫斯港口。[3] 几个月后，新建造的巨型集装箱船舶"COSCO HELLAS（中远希腊）"轮的命名暨首航仪式在希腊比雷埃夫斯港隆重举行。2008年1月，希腊政

---

[1] Asteris Huliaras 和 Sotiris Petropoulos：《船东，港口和外交官：中希关系的政治经济》，《亚欧期刊》2014年第12卷第3号。

[2] 《中国和希腊签署关于建立全面战略伙伴关系的联合声明》，http://www.gov.cn/english/2006-01/20/content_164934.htm，2006年1月20日。

[3] George P. Terzis：《2006年的卡拉曼利斯协议》，https://www.kathimerini.gr/865769/article/epikairothta/politikh/h-symfwnia-toy-karamanlh-to-2006，2006年7月1日；《中国航运业巨头有意进军希腊》，http://www.gov.cn/english/2006-02/09/content_183166.htm，2006年2月9日。

府为比雷埃夫斯港的两个主要集装箱码头组织了一次国际招标。中远集团提供了比哈钦森港口控股公司更好的报价并取得了胜利。①

根据特许经营协议，中远集团将在比雷埃夫斯港经营 2 号及 3 号集装箱码头，运营期为 35 年。比雷埃夫斯港务局（PPA）将一直控制 1 号码头，直到 2016 年私有化为止。中远集团需要向希腊政府支付 5000 万欧元的首期款项，外加每年与码头面积有关的合并收入和一定比例的租赁。这家中国公司承诺升级 2 号码头的设施并兴建 3 号码头。② 2008 年 11 月，中远集团与比雷埃夫斯港务局在雅典签署了码头专营权协议，正在希腊进行国事访问的中国国家主席胡锦涛出席了协议签字仪式。在与卡罗洛斯·帕普利亚斯总统和科斯塔斯·卡拉曼利斯总理的会晤中，他表示希望增加中国在希腊的投资。③ 在此之前，帕普利亚斯总统于 6 月对中国进行了访问。

---

① 《比雷埃夫斯港宣布中远中标》，http://www.ekathimerini.com/58053/article/ekathimerini/business/piraeus-port-announces-cosco-is-tender-winner，2008 年 6 月 13 日。

② 参见 第 3755/2009 号法律，希腊共和国政府报，2009 年 3 月 30 日第 52 版。

③ 《胡锦涛主席希望把中希关系推向更高水平》，http://www.gov.cn/misc/2008-11/26/content_1159894.htm，2008 年 11 月 26 日。

中国的奇迹——达成理解的必要性

以下数据能充分证明中远集团在比雷埃夫斯港口的成功。中远集团接管比雷埃夫斯港的 2 号、3 号码头后,这两个码头的集装箱吞吐量逐年增长,从 2011 年的 119 万标准箱增长到 2018 年的 440 万标准箱(见表 4-1)。而同期由比雷埃夫斯港务局管理的 1 号码头的集装箱吞吐量则要少得多,例如,在 2013 年、2014 年和 2015 年,1 号码头的集装箱吞吐量分别为 64.4 万标准箱、59.8 万标准箱和 29.3 万标准箱。[①]

表 4-1 由中远集团管理的 2 号、3 号码头的集装箱吞吐量

年份	标准箱(单位:百万)
2011	1.19
2012	2.11
2013	2.51
2014	2.99
2015	3.03
2016	3.47
2017	3.69
2018	4.40

---

① [希]乔治·佐戈普鲁斯(George N. Tzogopoulos):《希腊、以色列和中国的"一带一路"倡议》,贝京—萨达特战略研究中心研究报告,https://besacenter.org/wp-content/uploads/2017/10/139-Greece-Israel-and-Chinas-Belt-and-Road-Initiative-Tzogopoulos-Web.pdf,2017 年 10 月。

因此，比雷埃夫斯港开始成为主要的转运枢纽，吸引了来自世界各地的公司的兴趣，这些公司正在寻找更好的方法将其产品推向全球市场。其中一个重要的例子便是TRAINOSE、COSCO和惠普三家公司于2012年签署的协议。① 对于中远集团本身来说，对比雷埃夫斯港的投资从财务上来看是成功的。例如，2014年，该集团的官方公告指出，集团在全球控股码头利润增长了13.6%，其利润主要来自希腊比雷埃夫斯码头、厦门远海集装箱码头有限公司及广州南沙海港码头。②

从战略层面来看，比雷埃夫斯港将发展成为连接当代海上丝绸之路和陆上丝绸之路的枢纽港口。习近平主席在哈萨克斯坦发表讲话后，中国更加重视促进不同国家之间的相互联系。比雷埃夫斯港已经成为发往东欧、中欧和西欧的商业班列的起点。同时，中国支持建设一条南起比雷埃夫斯出发，经北马其顿和塞尔维亚，向北到达匈牙利的

---

① 《萨马拉斯称 HP-COSCO-TRAINOSE 的交易是对国家投出了信任票》，https://www.mfa.gr/uk/en/the-embassy/news/samaras-hails-hp-cosco-trainose-deal-as-vote-of-confidence-for-country-3.html，2012年11月15日。

② 《中远集团2014年在太平洋的最终成果》，2015年3月24日，参见乔治·佐戈普鲁斯（George N. Tzogopoulos）《从中国到希腊——迈向新丝绸之路，中希关系将去向何处？》，欧洲研究国际中心研究报告，第32期，https://www.cife.eu/Ressources/FCK/files/publications/policy%20paper/CIFE_PP32_From_China_To_Greece_George_Tzogopoulos_March_2016.pdf，2016年3月15日。

高铁线。如果实施该项目，将具有更多的国际特色，因为希腊铁路运营商 TRAINOSE 的管理由意大利公司 Ferrovie dello Stato 负责，而中国主要负责贝尔格莱德—布达佩斯段的建设。① 中远集团还在建设联通地中海与黑海、中东、西北欧、北美、亚洲和澳大利亚的新的海上航线。② 希腊海运公司 ARKAS 与中国台湾阳明海运集团的合作显示，大集团希望充分利用希腊最大港口所提供的可能性。③

安东尼斯·萨马拉斯总理（Antonis Samaras）在任期间，对推动中希关系产生了积极的影响。2013 年 4 月，这位希腊总理带着庞大的贸易代表团访问了北京。在那里，他会见了习近平主席和李克强总理，并用"双赢"一词来形容双边关系，他还表示，希腊可以成为中国通向欧洲的门户。④ 李克强于 2014 年 6 月应邀访问希腊，期间谈及了

---

① 《中国—中东欧国家合作贝尔格莱德纲要》，https://www.fmprc.gov.cn/mfa_eng/zxxx_662805/t1224905.shtml，2014 年 12 月 17 日。

② 邹肖力：《"一带一路"连接"中国梦"与"希腊梦"》，https://www.kathimerini.gr/961552/gallery/epikairothta/ellada/enwnontas-to-kineziko-kai-to-ellhniko-oneiro，2018 年 5 月 1 日。

③ 2015 年 8 月 19 日，作者对 ARKAS HELLAS 公司的首席执行官 Filippo Costopoulos 进行了书面采访。

④ 《中华人民共和国政府同希腊共和国政府联合声明》，https://primeminister.gr/2013/05/17/12157，2013 年 5 月 17 日；《安东尼斯·萨马拉斯：希腊将成为中国通往欧洲的门户》，https://www.naftemporiki.gr/story/652899/ant-samaras-i-ellada-na-ginei-puli-tis-kinas-stin-europi，2013 年 5 月 17 日。

中远在希腊的投资给当地创造了 1000 个新的工作岗位。①一个月后，习近平主席在前往巴西出席金砖国家领导人会晤途中进行技术经停，过境访问了希腊罗德岛，在那里会见了安东尼斯·萨马拉斯，并就两国关系发展交换意见。②在此背景下，双边贸易与十年前相比增长显著。2014 年和 2015 年，双边贸易额均超过 27 亿欧元，但希腊的出口额低于进口额，贸易逆差分别为 22 亿欧元和 23 亿欧元。③此外，引入"黄金签证"被证明是吸引中国投资者进入房地产市场的正确选择。

比雷埃夫斯港务局的私有化

伴随着安东尼·萨马拉斯任期结束而来的是比雷埃夫斯港 3 号码头扩建项目的开工。④但是，在接下来的六个

---

① 《中国总理承诺投资希腊铁路以加强与欧洲的运输联系》，http://www.ekathimerini.com/160894/article/ekathimerini/news/chinese-premier-vows-to-invest-in-greek-railways-to-improve-transport-link-to-europe，2014 年 6 月 20 日。
② 《习近平会见希腊总理安东尼斯·萨马拉斯》，https://www.fmprc.gov.cn/mfa_eng/zxxx_662805/t1175115.shtml，2014 年 7 月 14 日。
③ 《中希贸易的基本数据》，http://www.pcci.gr/evepimages/DiethnesemporioElladas-Kinas_F7620.pdf，2015 年。
④ 《安东尼斯·萨马拉斯总理在比雷埃夫斯港 3 号码头扩建开工典礼上的讲话》，https://primeminister.gr/2015/01/22/13212，2015 年 1 月 22 日。

月中,双边关系却被按下了暂停键,直到最终重启。亚历克西斯·齐普拉斯政府起初退出与债权方签署的备忘录的意愿引发了人们对希腊能否留在欧元区以及私有化前景的强烈关注。中国政府担心的不仅是中远海运比雷埃夫斯港口有限公司(Piraeus Port Authority S. A.,简称PPA)的私有化是否会继续进行,还有中远集团已有的对2号和3号码头的投资。希腊方面也不乏关于重审已有合同的声明。① 那段时间充满了不确定性,而这显然不符合中国持续投资、稳定投资的战略。

如果我们用冷静而现实的目光来看,就能在2015年上半年看出中国到底有几分参与希腊危机和整个欧洲事务的意愿。在此之前的几年,中国购买了价值60亿欧元的希腊债券。然而,在结合当下局势权衡了其政策与传统优先事项后,它并未采取进一步措施。希腊政府试探了与中国等其他非欧洲国家达成贷款协议的可能性,但这一尝试最终未能成功。对于中国而言,与欧盟以及美国保持平衡的、相互尊重的关系比承担后果不确定的经济风险更为重要。因此,中国决定扮演一个次要而谨慎的角色。他支持希腊留在欧元区,愿意通过投资来为希腊经济的复苏做出贡

---

① 伊里亚斯·贝洛斯(Elias Bellos):《希腊政府将重审与中远达成的协议》, https://www.kathimerini.gr/801290/article/oikonomia/epixeirhseis/anoixto-to-endexomeno-epane3etashs-ths-symvashs-me-cosco, 2015年1月29日。

献，但他不能承担拯救希腊的责任。在一些关键时刻，中国有人公开表示反对希腊脱欧，因为这将危及中国在希腊的投资。①

继 2015 年 7 月亚历克西斯·齐普拉斯改变路线并于 9 月举行初选后，连任政府开始将一些私有化项目提上日程。就这样，PPA 的私有化进入了最后阶段。马士基集装箱码头公司（APM Terminals）以及国际集装箱码头服务公司（International Container Terminal Services）的退出使中远成为这一项目的唯一投标者。2016 年 1 月 20 日，希腊宣布中远集团成为收购 PPA 67% 股权的首选投资者。该协议的总价值为 15 亿欧元，包括 3.685 亿欧元的股权投标价，未来十年至少 3.5 亿欧元的强制性投资，以及希腊从《特许经营权协议》中获得的预期收入（PPA 营业额的 3.5%），这一部分预计金额为 4.1 亿欧元。上述总金额还包括希腊共和国资产发展基金将收取的预期股息和利息，以及到 2052 年特许经营权终止前预计的（除最低要求外）投资。还有一点很重要的是，中远提供的报价不仅高于当日 PPA 的股价，而且高于两名独立估价师的估价。确切地说，中远同意将投标价提到每股 22 欧元，而其估价为每股

---

① 《李克强：中国愿意看到希腊留在欧元区》，http://www.chinadaily.com.cn/world/2015liattendcelm/2015－06/30/content_21141576.htm，2015 年 6 月 30 日。

18.4 欧元至 21.2 欧元，市场收盘价为每股 12.95 欧元。[①]

希腊经济和工业研究所的一项研究表明了 PPA 的私有化对直接财政结果和投资的影响，以及对基础设施的改善和经济活动的生态的影响。其中，私有化预计将在 2016—2025 年带动 GDP 增长 0.8%，并增加 31000 多个新工作岗位。此外，从长远来看，预计它将帮助减少公共债务多达 2.3 个百分点。[②] 比雷埃夫斯港现已经在国际排名中被列为地中海和欧洲最活跃的港口之一。[③] 与此同时，PPA 的收入也在增长。税前利润从 2016 年的 1130 万欧元增长至 2017 年的 2110 万欧元和 2018 年的 4230 万欧元。[④] 更为重要的是，共有 1087 名员工保住了他们的工作，却只雇用了

---

① 参见希腊共和国资产发展基金发布的新闻稿，https://www.hradf.com/storage/files/uploads/8032445818bcd1c492c3fc91bd3f627535506.pdf，2016 年 1 月 20 日。

② 《比雷埃夫斯港务局私有化的经济影响》，希腊经济和工业研究所（IOBE）发布的研究报告，http://www.olp.gr/el/press-releases/item/3165-oikonomikes-epidraseis-apo-tin-idiotikopoiisi-tou-organismou-limenos-peiraios-meleti-iove，2016 年 3 月。

③ Theo Notteboom：《2017 年欧洲 15 大集装箱港口》，http://www.porteconomics.eu/2018/02/28/portgraphic-the-top-15-container-ports-in-europe-in-2017/，2018 年 2 月 28 日。

④ PPA 2018 年财务业绩参见：http://www.olp.gr/el/press-releases/item/4388-ta-apotelesmata-xrisis-2018-tis-olp-ae-parousiastikan-stin-enosi-thesmikon-ependyton，2019 年 4 月 5 日。

第四章 以希腊为例

8 名中国人。①

新时代

随着 PPA 私有化的完成，中国已经耐心等待了许久的项目终于实现了。双边关系的未来会更加美好。2015 年上半年的危机也已经过去了。亚历克西斯·齐普拉斯总理在任期内曾三度访问北京。第一次访问是在 2016 年 7 月，而就在访问前几天，希腊议会刚刚以 223 票赞成票通过了中远集团收购 PPA 多数股权的协议。② 齐普拉斯还于 2017 年 5 月和 2019 年 4 月前往中国首都，参加习近平主席主持的"一带一路"国际合作高峰论坛。此外，希腊总统普罗科皮斯·帕夫洛普洛斯（Prokopis Pavlopoulos）于 2019 年 5 月访华并在亚洲文明对话大会上发表演讲。③ 2017 年，在

---

① ［希］乔治·佐戈普鲁斯（George N. Tzogopoulos）：《希腊，以色列和中国的"一带一路"倡议"》，贝京—萨达特战略研究中心研究报告，https://besacenter.org/wp-content/uploads/2017/10/139-Greece-Israel-and-Chinas-Belt-and-Road-Initiative-Tzogopoulos-Web.pdf，2017 年 10 月，第 14 页。

② Lambros Stavropoulos：《议会就中远集团 PPA 特许经营权协议进行了投票》，https://www.tovima.gr/2016/06/30/finance/psifistike-i-symbasi-paraxwrisis-toy-olp-stin-cosco/，2016 年 6 月 30 日。

③ 《习近平同希腊总统帕夫洛普洛斯举行会谈》，https://www.fmprc.gov.cn/mfa_eng/zxxx_662805/t1663882.shtml，2019 年 5 月 14 日。

希腊外长尼克斯·科恰斯（Nikos Kotzias）和中国外长王毅的倡议下，建立了由十个国家参与的"文明古国论坛"。①

鉴于中远比雷埃夫斯港项目是中希合作的龙头项目，PPA甫一完成私有化，更多的中国公司便对希腊表示了兴趣。它们受到了当地社会的欢迎——尽管存在一些延迟和官僚主义的障碍。2013年，有83%的希腊人希望与中国进行更紧密的合作；2016年，有69%的希腊人对中国持正面态度；2017年，中国被评为第三受希腊欢迎的国家，得票率为39%，仅次于美国和俄罗斯。② 在PPA私有化之后，2017年6月，中国国家电网公司收购了希腊国家电网公司运营商独立输电网络公司（ADMIE）24%的股权。③ 此外，2018年7月，希腊科佩鲁佐斯集团（Copelouzos Group）与中国国家能源集团的合作也拉开了序幕。这家中国能源巨

---

① 《首届文明古国论坛部长级会议新闻发布会》，https://www.mfa.gr/uk/en/the-embassy/news/press-conference-of-the-1st-ministerial-meeting-of-the-ancient-civilizations-forum.html，2017年4月27日。

② 有关中国在希腊的形象，参见乔治·佐戈普鲁斯在"国家重建的思想周期"会议上作的题为"中国对希腊的投资"的演讲，该会议于2018年3月27日在雅典举行，演讲稿详见：https://ekyklos.gr/ev/592-27-3-2018-athina-workshop-oi-kinezikes-ependyseis-stin-ellada.html。

③ 《中国国家电网完成对希腊国家电网运营商股权的收购》，http://www.xinhuanet.com//english/2017-06/21/c_136383754.htm，2017年6月21日。

头投资了科佩鲁佐斯集团的风电场。① 这两个集团的合作旨在在巴尔干地区以及其他欧洲国家扩展业务。

上述两家公司的例子表明，中希合作可以跳出双边关系，扩大到区域和多边合作的层面。希腊于2019年4月加入了"16＋1合作"，后被称为"17＋1合作"，这为区域和多边合作进一步铺平了道路。② 在北马其顿和希腊的议会批准《普雷斯帕协议》之前的艰难外交时期，中国的立场十分耐人寻味。一开始，中国的主要优先事项是确保北马其顿的稳定，这一点在2017年春季就显现出来了。尽管中国不干涉他国内政，但它十分关注美国负责欧洲和欧亚事务的助理国务卿霍伊特·布莱恩·易（Hoyt Brian Yee）为调解马其顿问题所做的努力。然后——与俄罗斯的策略相反——中国耐心地等待雅典和斯科普里之间的解决方案，因为这可能会导致"17＋1合作"规模的扩大——事实上最终也的确如此。

---

① 《中国能源投资有限公司与科佩鲁佐斯集团合作》，http://www.copelouzos.gr/en/news/newsDetails? group＝cpmNws～frl＝news05072018，2018年7月5日。

② 《希腊加入"17＋1合作"》，http://www.ekathimerini.com/239502/article/ekathimerini/news/greece－joins－chinas－161－initiative，2019年4月12日。

中国的奇迹——达成理解的必要性

同样是"一带一路"

  中远集团在比雷埃夫斯港的成功以及有关中国公司在希腊日益活跃的讨论引起了西方的浓厚兴趣。一些分析家认为希腊是中国的特洛伊木马。[①] 由于在亚历克西斯·齐普拉斯（Alexis Tsipras）担任总理期间，希腊政府曾在欧洲层面上支持中国——例如在2017年的人权问题上——[②]渐渐出现了一种声音，说希腊正通过在政治立场上支持中国来偿还中国公司对该国的投资。但是，在2008—2018年的十年里，中国对希腊的投资额仅占中国对欧盟投资总额的1%，落后于对德国、法国、塞浦路斯、瑞士等其他国家的投资额。[③] 毕竟，中国才是想增加对希投资的一方——或通过中远集团对比雷埃夫斯港的后续发展规划（Master Plan），或通过复星集团参与埃里尼科旧机场改造项目（最终没有成功），或通过新的提案——而非反之。

---

  ① Jason Horowitz、Liz Alderman：《被欧盟严厉谴责的希腊拥抱中国的现金和利益》，https://www.nytimes.com/2017/08/26/world/europe/greece-china-piraeus-alexis-tsipras.html，2017年8月26日。

  ② Robin Emmott、Angeliki Koutantou：《希腊在联合国阻止欧盟发表关于中国人权的声明》，https://www.reuters.com/article/us-eu-un-rights/greece-blocks-eu-statement-on-china-human-rights-at-u-n-idUSKBN1990FP，2017年6月18日。

  ③ 《外国直接投资》，https://www.enterprisegreece.gov.gr/h-ellada-shmera/giati-ellada/ksenes-ameses-ependyseis，2019年。

第四章　以希腊为例

希腊的标准是与欧盟保持一致的，这就是欧盟委员会为中远集团和国家电网开绿灯的原因。中国的公司也并非次次都能成功，在一些案例里，包括复星在内的中国公司也有过退出的情况。

希腊一方面加强与美国在地缘政治层面的关系，另一方面推动与中国在经济与投资层面的合作。至少我们不应该将对外政策中的单边经济利益与基本战略选择混为一谈。改善一个西方国家与中国的双边关系并不意味着其外交方向应该被质疑。以色列就是一个典型的案例。希腊在与以色列发展关系的同时，或许可以好好研究一下后者的政策。近年来，中以关系得到改善，双边贸易额上升，越来越多的中国游客访问以色列，中国在该国的投资也成倍增加。美国对这种合作仍持谨慎态度，并经常对以色列政府表示关注。[1] 但是后者设法取得了平衡。它既从与中国的合作中获益，又没有被明显质疑政治取向偏离西方。

希腊方面可以好好研究一下以色列的案例，从而更加重视旅游业和创新方面的问题。目前，雅典和北京之间唯一的直航线路是国航航班，雅典与其他中国城市之

---

[1] Shira Efron、Howard J. Shatz、Arthur Chan、Emily Haskel、Lyle J. Morris、Andrew Scobell：《不断发展的以中关系》，兰德公司研究报告，https://www.rand.org/pubs/research_reports/RR2641.html，2019年。

间则没有直航，这不便于中国游客的到来。同样，科技创新这一主题现在也是中希关系的关键因素，在不少双边合作计划中都有提及，从理论上来说这给希腊提供了发展其新兴公司以及充分利用其科学家能力的机会，即使他们的研究基地位于国外。当然，希腊的出口也还有很大的提升空间。近年来，希腊对华出口有所增加，[①] 但如果能对中国市场及其各省份市场进行更好的研究，并在中国的展览（如从 2018 年起在上海举办的中国国际进口博览会）上建设性地开展工作，出口量可能会取得更显著的增长。

习近平主席访问希腊

2019 年年底，就在国际社会越来越多地讨论中国在世界上扮演的角色时，中希关系取得了重大进展。新上任的希腊总理基里亚科斯·米佐塔基斯（Kyriakos Mitsotakis）于 11 月初前往上海出席了第二届中国国际进口博览会，在这次展览中，希腊备受关注。在访问期间，他表示他所领导的保守党政府愿意延续此前有关中希关系的政策。米佐塔基斯在上海与习近平进行了首次会晤，

[①] 《2018 年出口情况》，https://www.enterprisegreece.gov.gr/h-ellada-shmera/giati-ellada/eksagoges，2019 年。

第四章 以希腊为例

双方重点表达了深化两国之间传统友谊的愿望。① 希腊总理并非唯一参加展览的欧洲政府官员。法国总统马克龙也前往了上海，以增强欧洲在本届博览会中的影响力。未来希腊和法国可以共同努力，让西方不带偏见地、更好地了解中国。②

2019年11月10—12日，就在上海进博会结束后不久，习近平主席对希腊进行了正式访问。习近平主席在希腊受到了热烈的欢迎。在经济危机的关键时刻，当全球的银行和媒体认为希腊应退出欧元区时，中国支持希腊留在欧元区，并切实加大对希腊的投资。希腊的政治精英和舆论不会忘记中国的这种态度。两个文明之间的合作共识不断凝聚，中希关系的友好氛围也不断加深。

2019年11月5—12日这一周对于中希关系具有历史意义，因为在这短短的一周内，两国领导人分别在上海和雅典举行了会谈。习近平主席在希腊首都停留期间，参观了中远在比雷埃夫斯港的设施，亲自见证了古丝绸

---

① 《习近平会见希腊总理基里亚科斯·米佐塔基斯》，https://www.fmprc.gov.cn/mfa_eng/zxxx_662805/t1713608.shtml，2019年11月4日。

② ［希］乔治·佐戈普鲁斯：《希腊应与法国加强合作》，http://www.ekathimerini.com/247120/opinion/ekathimerini/comment/greece-should-cultivate-stronger-collaboration-with-france，2019年12月3日。

中国的奇迹——达成理解的必要性

之路的复兴不只是美好的愿景，而是已经取得了切实的成果。① 另一件意义重大的事是，在与夫人彭丽媛一同参观雅典卫城博物馆时，这位中国领导人重申，他的国家支持帕特农神庙的大理石雕刻回归希腊。② 对于希腊来说，这是一个非常敏感的问题。获得更多来自国际上的支持是至关重要的。

希腊总统帕夫洛普洛斯称，习近平主席对希腊的访问"打开了中希关系的新篇章"。③ 确如他所说，在习近平主席访问雅典期间，双方签署了多项协议，这些协议将进一步促进两国在交通、能源、电信、银行和文化领域的联系。希腊和中国还签署了一项关于加强全面战略伙伴关系

---

① 《习近平和希腊总理基里亚科斯·米佐塔基斯参观了中远比雷埃夫斯港口》，https://www.fmprc.gov.cn/mfa_eng/zxxx_662805/t1715684.shtml，2019年11月12日。

② 《在结束对雅典的访问之际，习近平表示中国将支持希腊追回帕特农神庙的大理石雕刻》，http://www.ekathimerini.com/246381/article/ekathimerini/news/wrapping-up-athens-visit-xi-says-china-will-support-greece-for-return-of-parthenon-marbles，2019年11月12日。

③ 《习近平和希腊总统帕夫洛普洛斯参观雅典卫城博物馆》，https://www.fmprc.gov.cn/mfa_eng/topics_665678/xjpfwxlcxjz/t1715679.shtml，2019年11月12日。

的联合声明。① 该宣言包括 17 项条款，这构成了未来双方合作的框架。其中，双方认为中国—中东欧国家合作是中欧关系的有益补充，希方对正式加入中国—中东欧国家合作机制感到满意，愿在该机制内发挥积极作用，推动中国—中东欧国家合作不断取得新进展。

在习近平主席访问希腊之后，借着中希关系的良好氛围，希腊现在有可能成为增进欧盟与中国之间了解的桥梁。希腊已经不再是过去的希腊了。它正在逐步克服危机，保持政治稳定，并已与合作伙伴达成债务管理协议。经济不稳定的艰难岁月已经过去，而这一变化必将对其国际关系产生积极影响。中希关系的构建不能仅依靠于中国的投资。如果希腊更好地展现其创造力并系统地研究中国，合作可能会是多方面的。

习近平主席十分重视中国市场的开放和正在进行的经济改革。外国公司在中国的经营条件比过去更好。希腊需要参照法国和德国，系统地要求希腊公司参与在中国开展的项目。此外，习近平主席的优先事项是加强创新方面的合作。在这方面，希腊也可以向中国证明自己。2018 年，

---

① 《中华人民共和国和希腊共和国关于加强全面战略伙伴关系的联合声明》，https://www.mfa.gr/epikairotita/diloseis-omilies/koine-diakeruxe-metaxu-tes-ellenikes-demokratias-kai-tes-laikes-demokratias-tes-kinas-gia-ten-eniskhuse-tes-olokleromenes-strategikes-sunergasias-athena-1111-2019.html，2019 年 11 月 11 日。

雅典被评为欧洲创新之都。许多新兴公司因其独创性而闻名，而且希腊的科学家无论是在国内还是国外均表现得十分出色。在社会科学领域，希腊专家的能力也是无可争议的，正努力了解西方运作方式的中国对此表现出了兴趣。

富有创造力的希腊必须寻求更好的合作方式。在社会政策领域，也存在密切合作的空间。中国的扶贫攻坚战已进入了最关键的时期。希腊在经济危机期间的经历绝非毫无借鉴意义。希腊有责任为中希合作添砖加瓦。通过习近平主席的访问，我们可以肯定的是，中国将乐于见到类似的倡议。

第五章　国际关系的钟摆

但是，这一切意味着什么？一个浴火重生的中国正在稳步发展，它已经意识到新时代的经济挑战，正在努力改革并实施一种经济互联互通的先锋模式。历史学家和国际关系观察员没有预测未来的责任。他们中有多少人曾预言了"冷战"的结束或国际金融危机的开始？事实上，他们的工作是概述和分析现有趋势，以便人们更好地理解形势，甚至制定政策。对中国政策的分析是当前这一代的主要研究问题，这对于下一代则更为重要。2021年是中国共产党成立100周年，而2049年则是中华人民共和国成立100周年。中国领导人的目标是毫不动摇地坚持和发展中国特色社会主义，并在上述两个时间点前完成两项宏伟的目标，即在2021年前彻底消除贫困，并在2049年前将中国从发展中国家转变为发达国家。

中国的奇迹——达成理解的必要性

有战争的风险吗?

　　对中国的研究融合了文化与政治。每一项新的成就，特别是在技术领域的成就，都可以与过去的辉煌历史结合起来看。习近平主席在2019年5月的亚洲文明对话大会上说："世界文明历史揭示了一个规律：任何一种文明都要与时偕行，不断吸纳时代精华。"他补充说："自古以来，中华文明在继承创新中不断发展，在应时处变中不断升华。"① 从西方的角度来看，中国的崛起让他们不安。西方担心中国试图将自己的模式推广至世界各地，并与这些国家加强联系。自2017年12月以来，美国一直将中国称为"修正主义力量"。② 正如我们所见，欧盟在两年后也步了美国的后尘，尽管它的做法经济色彩更浓厚。

　　塞缪尔·亨廷顿（Samuel Huntington）的"文明冲突论"或许可以部分解释西方国家对中国的有所保留。1993年，他在《外交事务》杂志中首次提出，文明之间的冲突

---

　　① 《习近平在亚洲文明对话大会开幕式上的主旨演讲》，https://eng.yidaiyilu.gov.cn/qwyw/rdxw/90754.htm，2019年5月16日。
　　② 《美国国家战略》，https://www.whitehouse.gov/wp-content/uploads/2017/12/NSS-Final-12-18-2017-0905-2.pdf，2017年12月。

可能成为战争的起因。① 在"9·11事件"之后，这一论调逐渐普及开来。但是，对于亨廷顿而言，新的国际秩序必须以文化为基础，以防止战争的发生。② 中国现在正在成为国际舞台上的一个新的强国，他提倡文明之间的相互尊重和对话，拒绝那些过去曾造成了流血冲突的"文明优劣论"。

近些年来，关于可能发生的中美冲突的公开讨论在美国引起了轩然大波。例如，在2016年，兰德智库（Rand）发表了一项研究，该研究并不认为有发生战争的可能。③ 该研究报告的作者写道，任何一个国家都有先发制人的动机。显然，中美两国都在国防上花费巨额资金。斯德哥尔摩国际和平研究所的数据显示，2018年两国的军费之和达到了全球军费总额的一半。具体来说，2018年，美国的军费增长了4.6%，达到6490亿美元，这也是自2010年以来美国的军费首次增长。中国的军费仅次于美国，位居第

---

① 塞缪尔·亨廷顿（Samuel Huntington）：《文明的冲突》，《外交事务》1993年夏季号，https://www.foreignaffairs.com/articles/united-states/1993-06-01/clash-civilizations。
② 塞缪尔·亨廷顿（Samuel Huntington）：《文明的冲突与世界秩序的重建》，Simon & Schuster出版公司2002年版。
③ David C. Gompert、Astrid Stuth Cevallos、Cristina L. Garafola：《与中国开战：不可思议之议》，兰德公司发布的研究报告，https://www.rand.org/pubs/research_reports/RR1140.html，圣莫尼卡，2016年。

二，在 2018 年增加了 5%，达到 2500 亿美元。①

当作为超级大国的美国认为外交手段已经用尽却仍未达成目的时，就会选择战争手段——这种情况在过去时有发生。为了解释 2003 年导致了入侵伊拉克并最终推翻萨达姆政权的美国政策，罗伯特·卡根（Robert Kagan）称美国人来自火星，欧洲人来自金星。② 尽管美国在描述中美两国间的军事关系时明确表示"互不侵犯"，③ 但如果我们从西方的角度来读历史，就会发现出尔反尔的案例屡见不鲜。

显然，中国有意加强国防力量。这一点，无论是从斯德哥尔摩国际和平研究所的军费数据中，还是从有关其国防政策的白皮书中，我们都可以窥得一二。中国为亚洲地区的一切可能做好了准备，强烈抗议美国的某些政策，例如在韩国安装反导系统，④ 同时希望避免卷入冲突，并主

---

① 《2018 年全球军费增长至 1.8 万亿美元》，https：//www.sipri.org/media/press-release/2019/world-military-expenditure-grows-18-trillion-2018，2019 年 4 月 29 日。

② 罗伯特·卡根（Robert Kagan）：《天堂与实力：新世界秩序中的美国与欧洲》，兰登书屋出版社 2003 年版。

③ 《2018 年美国〈国防战略报告〉概要》，https://dod.defense.gov/Portals/1/Documents/pubs/2018-National-Defense-Strategy-Summary.pdf，2018 年。

④ 《外交部发言人：中国重视韩国就萨德作出的承诺》，http://www.chinadaily.com.cn/world/2017-10/30/content_33903110.htm，2017 年 10 月 30 日。

第五章 国际关系的钟摆

张亚洲事务的直接当事国之间进行谈判。这就是为什么中国政府对朝鲜和韩国于 2017 年开始的接触持积极态度。亚洲将连续举办三届奥运会，即 2018 年在韩国平壤举行的冬季奥运会、2020 年在东京举行的夏季奥运会和 2022 年在北京举行的冬季奥运会，这是中国展示其尊重奥林匹克理想、致力于实现和平的良机。

中国希望在其周边地区和全球范围内实现普遍的稳定与安宁，因为全面建成小康社会需要一个和平稳定的国际环境。外交政策领域的任何未知冒险都可能导致偏离政府的主要目标。中国令全球瞩目的经济崛起，常常给人以它已经是发达经济体的错觉。近年来，中国的人均收入一直在增长，但仍远远落后于西方国家（表 5—1）。根据世界银行的贫困线标准，截至 2016 年，中国已有 7 亿多人脱贫。① 作者曾有机会与中国农村地区的百姓交谈，他们摆脱了贫困，过上了体面的生活。他们所讲述的每一个鲜活的个人故事，都是这项艰辛事业的缩影。

表 5—1　　2010—2018 年欧元区、美国和中国的人均年收入　单位：千美元

	2010	2011	2012	2013	2014	2015	2016	2017	2018
欧元区	37.635	40.639	37.635	39.143	39.885	34.411	35.180	37.034	39.995

---

① 《中国减贫成功经验造福南半球》，https://www.worldbank.org/en/news/feature/2016/05/17/understanding-chinas-poverty-reduction-success-to-benefit-the-global-south，2016 年 5 月 17 日。

中国的奇迹——达成理解的必要性

续表

	2010	2011	2012	2013	2014	2015	2016	2017	2018
美国	48.466	49.883	51.603	53.106	55.032	56.803	57.904	59.927	62.641
中国	4.550	5.618	6.316	7.050	7.651	8.033	8.078	8.759	9.770

（数据来源于世界银行）

中西之间的实质性交流并不是一个简单的过程。他们的讨论中最困难和最敏感的话题之一就是人权。美国和欧盟常常批评中国在这方面的表现，呼吁中国做出改变并向西方民主国家靠拢。他们很少关注1948年联合国《世界人权宣言》所规定的人权的另一个方面，那就是所有人无论出身如何，均享有有尊严地生活的权利。中国的人权概念主要与消除贫困联系在一起，这可以在日常生活中为繁荣与平等创造条件。

同时，随着社会政策的改善，中国面临着更多的内部挑战。随着中国经济进入"新常态"，虽然以详细计划为基础逐步实现了经济的可持续和高质量发展，但仍需保持谨慎。在国民经济相对放缓的时期，中国政府主要关注的问题是技术发展对维持和创造就业机会的影响、如何更合理地分配城乡收入以及刺激国内经济增长。此外，为解决人口老龄化问题，从2016年开始，中国的每个家庭可以生育两个孩子。[1]

---

[1] 《中国有老龄化问题吗?》，https://chinapower.csis.org/aging-problem/，2017年8月11日。

第五章　国际关系的钟摆

修昔底德陷阱

在"一带一路"框架下，越来越多的国际合作有助于中国实现其国家目标。目前，中国决心并已准备好保护其邻国的国家利益，但对与美国进行军事竞争并不感兴趣。在学术层面上，自哈佛大学格雷厄姆·艾利森（Graham Allison）教授提出"修昔底德陷阱"这个概念后，关于两国是否可以避免"修昔底德陷阱"的讨论便层出不穷。[①]但中国国家主席习近平公开表示，世界上本无"修昔底德陷阱"。[②]中国的和平发展道路和互利共赢政策，概括了中国的国际关系观。

对于许多学者而言，中美两国避免陷入"修昔底德陷阱"似乎是矛盾的。"雅典人—米洛斯人对话"可以在很大程度上解释国际关系中的战略选择。类似的历史案例不在少数。当然，现在正在为中美关系寻求的是共存的典范。耶鲁大学的保罗·肯尼迪（Paul Kennedy）教授在他

[①] 格雷厄姆·艾利森（Graham Allison）：《注定一战：美国和中国能否逃脱修昔底德陷阱？》，Mariner Books 出版社 2018 年版。
[②] 《中国国家主席习近平在当地政府和美国友好团体联合举行的欢迎宴会上发表演讲》，https://www.fmprc.gov.cn/mfa_eng/wjdt_665385/zyjh_665391/t1305429.shtml，2015 年 9 月 23 日。

的论述中将军事冲突与经济变迁联系了起来,① 他强调了两国领导人的重要性,旨在使双方都意识到避免中美冲突是多么重要。"其中一位领导人已经意识到了这一点",他在公开评论习近平主席的上述立场时说。② 过去,双方克服了一些重大危机,例如1999年北约轰炸中国驻南联盟贝尔格莱德大使馆引发的危机。正如比尔·克林顿总统在回忆录中所描述的那样,这件事发生后,他立即向江泽民主席道歉,但他们俩都很难相信美国竟会犯下这样的错误。③但是他们必须向前看。

中美别无选择,只能和平共处。④ 例如,在南海问题和台湾问题上,局势依然很紧张——在某些情况下甚至可能会加剧。但是,这并不意味着会导致战争。两国没有领土争端或直接利益冲突。美国未来的战略选择肯定会在很大程度上决定中美格局。一些美国分析家认为,美国需要

---

① 保罗·肯尼迪(Paul Kennedy):《大国的兴衰:1500—2000年的经济变迁与军事冲突》,Unwin Hyman 出版社1988年版。
② 《专家:中美能避免冲突 只要有耐心和相互理解》,http://global.chinadaily.com.cn/a/201803/28/WS5abb4a1ca3105cdcf6514dc0.html,2018年3月28日。
③ 比尔·克林顿(Bill Clinton):《我的生活》,Arrow Books 出版社2005年版,第855页。
④ 有关"修昔底德陷阱"的讨论,参见乔治·N. 佐戈普鲁斯(George N. Tzogopoulos)《辩论:中美能否和平共处?》,贝京—萨达特战略研究中心(BESA)网络对话,https://besacenter.org/online-debates/china-us-peace-coexistence/,2019年3月14日。

一种新的对华遏制政策。① 但令人怀疑的是，美国在亚洲的盟国，例如日本甚至澳大利亚，是否有意采取甚至可能导致武装冲突的行动。有些时候，公开言论与现实的外交政策是不同的。

全球化进程

自 1978 年以来，中国取得了令人瞩目的发展，这种发展在苏联解体后仍在继续，而且这种发展是在美国建立的经济环境中实现的。全球化进程原是一个与西方国家的经济利益交织在一起的概念，却给中国帮了不少忙，时至今日，它已与中国的国家利益交织在一起。随着自身的不断发展，中国现在可以在全球化上烙下自己的印记，在实施"一带一路"倡议的背景下，这一印记又加深了。在金融领域，亚洲基础设施投资银行和金砖国家开发银行等新银行的运行就是很好的例子。文化产业领域的成就也不容忽视，其中包括万达等中国公司投资的大型主题公园。现在，中国的各个城市都有自己的"主题公园"，即具有中国特色的娱乐场所。在教育领域，清华大学和北京大学等

---

① 迈克尔·曼德鲍姆（Michael Mandelbaum）：《新的遏制：应付俄罗斯、中国和伊朗》，《外交事务》2019 年 3—4 月刊。

中国高校的国际排名正在攀升。①

鉴于中国希望在国际环境中保持稳定性和连续性，它没有理由质疑当前的国际秩序。相反，它利用其优势来缓慢而耐心地发展。但是，在特朗普总统上任后，这种格局动摇了。这位美国总统不相信全球化和自由贸易，而是大肆地推行单边主义。在贸易战开始之前，他对亚洲实行"美国优先"政策最著名的例子是退出《跨太平洋伙伴关系协定》（TPP）。对于中国而言，特朗普总统在国际关系中引入的这种非连续性，带来的风险要大于机遇。② 这是因为它破坏了一种体系，这种体系允许中国逐渐发展自己的经济，同时不用质疑美国的优越性。

特朗普总统上任后，许多分析家和媒体提出了中国能否通过控制国际政治来取代美国的疑问。③ 现在讨论这个问题尚为时过早。中国本身对取代美国不感兴趣，也不准备扮演这样的角色。但是，他有兴趣为维持全球化作出贡

---

① 《12所中国高校进入QS世界大学排名百强》，http://www.xinhuanet.com/english/2019-06/19/c_138156421.htm，2019年6月19日。

② 徐坚：《逆全球化风潮与全球化的转型发展》，中国国际问题研究院发表的文章，http://www.ciis.org.cn/english/2017-07/20/content_39047319.htm，2017年7月20日。

③ 马丁·沃尔夫（Martin Wolf）：《唐纳德·特朗普和习近平在全球化问题上的较量》，https://www.ft.com/content/74b42cd8-e171-11e6-8405-9e5580d6e5fb，2017年1月24日。

献并采取负责任的行动,以保持已有的成果并确保连续性。2017年1月,习近平主席在达沃斯世界经济论坛上发表了主旨演讲。[①] 在经济不确定的时期,中国强化了其作为全球化和自由贸易的积极倡导者和参与者以及贸易保护主义的反对者的国际立场。

至于亚洲的情况,在特朗普于2016年11月当选为总统之前,中国已经开始开发自己的经济合作模式。其议程包括建立亚太自由贸易区(FTAAP)以及区域全面经济伙伴关系(RCEP)。前者覆盖了亚太地区,并在亚太经济合作组织(APEC)峰会上进行了讨论。后者规模相对较小,是中国对TPP合作协议前景的部分回应。无论如何,中国政府仍然极为谨慎,并不着急。特朗普总统关于全球化的选择也有可能是暂时的,未来美国说不定会采取与奥巴马时代类似的举措。[②] 由日本积极支持的TPP协议可能会复燃,倘若真有这么一天,中国也不会感到意外。

---

① 《习近平主席在世界经济论坛2017年年会开幕式上的主旨演讲》,https://www.weforum.org/agenda/2017/01/full-text-of-xi-jinping-keynote-at-the-world-economic-forum,2017年1月17日。

② Kenneth F. Scheve、Matthew J. Slaughter:《如何拯救全球化:重建美国的机会阶梯》,《外交事务》2018年11—12月刊。

中国的奇迹——达成理解的必要性

贸易战

早在特朗普时代之前很久，关于中美贸易战的讨论就已经开始出现。① 自 21 世纪初以来，美国针对第三国的贸易保护主义政策屡见不鲜。小布什（George Walker Bush）曾于 2002 年决定对从欧盟、日本、中国、韩国等国家或地区进口的铝征收关税，结果却是负面的。② 总体而言，出于两个主要原因，美国政治和经济精英对大规模征收关税的可能性仍然持否定态度。第一个原因是这种政策对世界贸易的影响以及美国在世贸组织层面地位的削弱。第二个原因是，他们意识到中国对美国出口的大多都是在华外资企业（其中许多是美国公司）的产品。为降低生产成本并为消费者提供更低的价格，这些公司自然而然地选择了将其工厂建在中国。

---

① 尼尔·休斯（Neil C. Hughes）：《与中国的贸易战?》，《外交事务》第 84 卷第 4 期，2005 年 7—8 月刊。
② 杰弗里·肖特（Jeffrey J. Schott）：《美国贸易政策：疯狂的方法?》，彼得森国际经济研究所（PIIE）发布的分析报告，https://www.piie.com/commentary/speeches-papers/us-trade-policy-method-madness，2002 年 10 月 11 日；希瑟·朗（Heather Long）：《还记得小布什 2002 年的钢铁关税吗？他的幕僚长警告特朗普不要做同样的事》，https://www.washingtonpost.com/news/wonk/wp/2018/03/06/remember-bushs-2002-steel-tariffs-his-chief-of-staff-warns-trump-not-to-do-the-same/?utm_term=.30ef4f5e5dd4，2018 年 3 月 6 日。

第五章　国际关系的钟摆

2018年，特朗普总统决定将自己在竞选中作出的承诺付诸实践，并对中国发动贸易战。他的政策显然与美国对中国经济增长的普遍担忧有关。尽管中国的GDP和人均收入仍低于美国，但在购买力平价方面已经超过美国（表5-2和表5-3），而且中国正设法应对经济增速放缓。

表5-2　　　　　　2012—2018年美国和中国的GDP　　单位：万亿美元

	2012	2013	2014	2015	2016	2017	2018
美国	16.19	16.78	17.52	18.21	18.7	19.48	20.49
中国	8.53	9.57	10.43	11.01	11.13	12.14	13.6

（数据来源于世界银行）

表5-3　　　　2012—2018年美国和中国的购买力平价　　单位：万亿美元

	2012	2013	2014	2015	2016	2017	2018
美国	16.19	16.77	17.5	18.21	18.7	14.48	20.49
中国	15.30	16.77	18.34	19.82	21.38	23.26	25.36

（数据来源于世界银行）

特朗普总统依据1962年《贸易法》的第232条和1974年《贸易法条》的第301条，对一系列中国产品征收数十亿美元的关税。[①] 中方也以同样的方式回应。双方就

---

① 《您需要知道的：232条款调查及关税》，https://www.whitehouse.gov/briefings-statements/need-know-section-232-investigations-tariffs/，2018年3月8日；《有关美国301条款调查行动的总统备忘录》，https://www.whitehouse.gov/presidential-actions/presidential-memorandum-actions-united-states-related-section-301-investigation/，2018年3月22日。

145

中国的奇迹——达成理解的必要性

这样开始了"你来我往"的报复行为，这引发了国际社会对未来双边关系和世界经济的担忧。美国总统表示，他的政策将减少美国目前的对华贸易逆差，因为中国对美国的出口将减少。表5-4显示，美国对中国有很大的贸易逆差。

表5-4　　　　　　　美国对华贸易额　　　　单位：亿美元

	2012	2013	2014	2015	2016	2017	2018
自华进口额	4256	4404	4684	4832	4624	5052	5396
对华出口额	1105	1217	1236	1158	1155	1297	1201
顺差	-3151	-3186	-3448	-3673	-3468	-3754	-4195

（数据来源于美国人口调查局）

2019年上半年的数据显示，与2018年同期相比，两国之间的进出口额以及美国的贸易逆差都在下降。具体来说，对华出口额从639美元下降至520亿美元，自华进口额从2518亿美元下降至2190亿美元，对华贸易逆差从1856亿美元下降至1670亿美元。[①] 然而，另一种观点是，美国需要更加集中精力增加对华出口。无论如何，中国有意增加从第三国的进口。例如，习近平主席于2019年4月在第二届"一带一路"国际合作高峰论坛开幕式上的主旨演讲中强调，中国将更大规模增加商品和服务进口，这表

---

① 参见美国人口调查局网站上的中美贸易额统计数据，https://www.census.gov/foreign-trade/balance/c5700.html，2019年。

明中国并不刻意追求贸易顺差。①

特朗普总统的性格常常给中美间的谈判蒙上阴影。双方的分歧已经是老生常谈了。双方数十年来一直在诸如美元对人民币的汇率等问题上寻求共识，有时能成功，有时不能。自2008年以来，双方之间的猜疑加重了。特朗普担任总统期间明显的不同之处在于，美国要求中国就需要时间的复杂问题立即作出回应。尽管传统上中国将重点放在中长期分歧管控政策上，② 现在它正急切地寻求解决方案，以确保世界贸易的稳定。中国不希望贸易战继续下去，但如果继续下去，他也有信心赢得这场战争。③无论如何，纵观1972年中美关系正常化后的历史，合作在中美关系中占了上风。如果把特朗普总统的经济政策放到中美关系的历史框架中去看，就可以对其进行更冷静的评估。

---

① 《习近平主席在第二届"一带一路"国际合作高峰论坛开幕式上发表主旨演讲》，http://www.xinhuanet.com/english/2019-04/26/c_138008377.htm，2019年4月26日。

② 刘飞涛、滕建群、沈雅梅、崔磊、杜兰：《中美政治、经济和安全领域分歧管控》，http://images.china.cn/gyw/CIIS%20Report%20no.10%20full%20text.pdf，《中国国际问题研究》2016年第10期。

③ 《关于中美经贸磋商的中方立场（全文）》，http://english.gov.cn/archive/white_paper/2019/06/02/content_281476694892692.htm，2019年6月2日。

中国的奇迹——达成理解的必要性

中国的开放

在贸易战期间，中美代表团之间进行了艰难的谈判，以找到一种折中方案。同时，美国——以及欧盟——都在推动中国向正在或有意对华投资的西方公司进一步开放市场，并有效保护其知识产权。中国政府对美国市场的管理条例也有类似的抱怨。例如，2012年，当时的美国总统禁止一家中国的私营企业在俄勒冈州海军军事基地附近建造风力发电场。[①] 但是，总的来说，关于这个问题的公开讨论主要与美国对中国市场的抱怨有关，而非相反。

中国改革力度越大、对外开放程度越高，他为外国私营企业提供的机会就越多。2018年是中国改革开放40周年。直至今日，中国仍然高度重视这一经济战略。2019年3月，第十三届全国人大二次会议表决通过了《中华人民共和国外商投资法》，该法律于2020年生效。[②] 该法律有望改善外国公司在中国的经营条件，并加强对其知识产权

[①] Rachelle Younglai：《出于安全方面的考虑 奥巴马阻止中国公司在俄勒冈州建风电场》，https://www.reuters.com/article/us-usa-china-turbines/obama-blocks-chinese-wind-farms-in-oregon-over-security-idUSBRE88R19220120929，2012年9月29日。

[②] 《中华人民共和国外商投资法》，http://www.fdi.gov.cn/1800000121_39_4872_0_7.html，2019年3月15日。

的保护。虽不能完全满足美国和欧盟的要求，但这是朝这个方向迈出的非常重要的一步。例如，中国欧盟商会于2019年5月进行的一项调查显示，62%的受访企业将中国视作当前和未来排名前三的投资目的地。①

中国对外开放的过程是渐进的，取得的每一项进展都是水到渠成。而从西方的角度来看，外商投资法是中国对美国和欧盟对其施加的压力的回应。② 从本质上讲，中国的经济政策当然是具有连续性的。高质量的第三国投资符合中国确保高质量、可持续发展的愿望。换句话说，外国公司更加活跃的活动，尤其是在技术和服务业领域，有益于"新常态"下的中国经济发展。

技术突破

中国近年来的发展十分迅猛，特别是在技术领域。这种变化与互联网发明和发展之前发生的变化相比，可谓有质的不同，这加大了分析的难度。如今，国际关系研究人员需要对时下最新潮的技术主题有所了解，在很大程度上这并非易事，因为它是新的、技术性的并且不

---

① 《商业信心调查2019》报告，https://www.europeanchamber.com.cn/en/publications-business-confidence-survey，2019年5月。

② 《中国外商投资法：一项旨在缓解全球担忧的法案》，https://www.bbc.com/news/business-47578883，2019年3月15日。

断更新的。在技术进步、数字互连和信息革命时代，冲突的形式已经改变了，这种冲突可以是不流血的，并且肯定是不对等的。在今天，一个国家想要赢得战争，就必须首先赢得电子战争。① 鉴于网络攻击并不罕见，有时甚至会针对战略目标，网络安全已成为世界各国政府的头等大事。

国际上十分关注的另一个主题是中美技术对抗。2019年3月，普林斯顿大学历史学教授兼高等教育委员会成员凯瑟琳·爱泼斯坦（Katherine E. Epstein）在文章中写道，对美国历史的研究或将有助于更好地了解中国在技术领域的战略。在她看来，中国近年来一直在效仿美国的技术进步，就像美国在两次世界大战之前以及期间效仿德国和英国的成就，然后不断发展成为超级大国。她还写道，如今中国的行为就跟距今大约一个世纪前的美国一样，因此今天的西方必须认真思考这样一个问题：自己是愿意生活在一个被美国主导的世界上还是愿意生活在一个被中国主导的世界上？② 这种分析将中国视为技术领域的威胁，特别是当中国试图通过"中国制造2025"战略进一步实现经济

---

① 布鲁斯·伯克维茨（Bruce D. Berkowitz）、艾伦·古德曼（Allan E. Goodman）：《最好的事实：信息时代的情报工作》，耶鲁大学出版社2000年版。

② 凯瑟琳·爱泼斯坦（Katherine E. Epstein）：《若要理解中国，应先研读美国历史》，《华尔街日报》2019年3月20日第17版。

现代化时。①

美国对中国的技术进步的评价并不十分正面。各大美国杂志都在谈论新一轮冷战的开始，这次将是关于技术的。美国批评的重点是中国的华为公司，该公司在进入美国市场方面正面临着越来越多的障碍。在美国的主流言论中，华为被妖魔化了，并被视为中国政府利用第四次工业革命扩大其在世界范围内影响力的"工具"。

华为是全球最大的电信设备供应商，也是最大的5G基础设施供应商，同时还是第二大智能手机制造商。其总部设在深圳，产品畅销海内外。在美国，它销售的设备并不多，但确实帮助了一些农村地区实现网络覆盖。2018年，华为的年收入突破1000亿美元。② 其创始人任正非曾表示，他爱自己的祖国并拥护中国共产党，他也绝不会做任何有损世界上任何国家的事情。他在与记者交流时使用的确切用语是："我个人绝对不会损害自己和客户的利益，我的公司也不会答应这样的（索取不当信息的）要求。"

---

① 《中国制造2025规划：对美国的经济影响》，美国国会科学委员会研究报告，https://fas.org/sgp/crs/row/IF10964.pdf，2019年4月12日。

② 林赛·麦兹兰（Lindsay Maizland）、安德鲁·查茨基（Andrew Chatzky）：《华为：备受争议的中国科技巨头》，https://www.cfr.org/backgrounder/huawei-chinas-controversial-tech-giant，2019年6月12日。

他补充说，中国没有任何法律强制要求任何企业安装后门。① 2018年5月，华为还曾发出宣言，表明其不会被迫从事间谍活动。②

中美在技术问题上的对抗最近主要集中在华为身上，由此可见这家中国公司取得的成绩是多么令人瞩目。重视研发是华为成功的关键。根据彭博社的报道，2018年华为的研发投入为153亿美元，在榜单上排名第四，仅次于亚马逊、字母表（谷歌母公司）和三星。③ 华为2018年的研发投入与2014年相比增长了149%，增幅仅次于亚马逊的210%。

表5-5　　　　　　　　企业研发投入经费排名表　　　　　单位：亿美元

亚马逊	288
字母表	214
三星	167
华为	153
微软	147

---

① 《华为创始人任正非否认公司参与间谍活动》，https://www.bbc.com/news/technology-46875747，2019年1月15日。

② 陈际红和方建伟：《致联邦通信委员会的声明》，https://thechinacollection.org/wp-content/uploads/2019/03/Huawei-Declaration.pdf，2018年5月27日。

③ 《付出才有回报：华为5G研发支出超过苹果》，https://www.bloomberg.com/news/articles/2019-04-25/huawei-s-r-d-spending-balloons-as-u-s-tensions-flare-over-5g，2019年4月26日。

续表

大众	143
苹果	142
英特尔	135
罗氏	114
强生	108

（数据来源于彭博社）

华为的成功符合中国政府对技术发展的重视。现在的问题是，美国的新政策能否阻止其崛起。例如，谷歌禁止华为使用安卓系统的决定影响了这家中国公司在海外的运营，因为其产品的用户将无法进行必要的升级。据估计，华为可以解决这个问题，但这是有代价的。[1] 但向华为供应各种组件的美国公司也将因此遭受损失。

声言"冷战"重临还为时过早。2014 年乌克兰危机期间，许多西方学者认为第二次冷战即将到来——那时是就美俄关系而言——但这一预测并未得到证实。实际上，美国正试图通过掩盖技术上的失利来赢得时间，尤其是在 5G 网络发展方面。美国如今对华为的政策或是一把双刃剑。《华尔街日报》曾撰文指出，在美国禁止使用

---

[1] Alyssa Newcomb：《华为愿与谷歌和微软保持良好合作关系，但已准备好"最后一招"》，https://fortune.com/2019/05/25/huawei-google-microsoft/，2019 年 5 月 25 日。

中国的奇迹——达成理解的必要性

华为产品可能会耽误 5G 在美国的发展。① 很长一段时间，中国很有可能会在技术方面保持领先地位。在高通和苹果达成和解之后，美国能否在技术方面赶超中国，将会成为一大看点。②

在技术领域，存在避免零和博弈的可能性。技术竞争可以在公司层面上加以限制，因为进步的成果（无论是来自中国还是来自西方）是世界所有国家的共同商品。中美"脱钩论"③ 已然成为一个热门的议题，但若实际操作起来，将非常复杂。《财富》世界 500 强排行榜囊括了 121 家美国公司和 119 家中国公司。④ 脱钩将会带来什么样的后果？无论如何，中国在努力依靠自己的力量。麦肯锡对技术、资本和贸易的研究表明，近年来，中国对世界经济

---

① Stu Woo：《贸易战及对华为的遏制耽误美国的 5G 增长》，https://www.wsj.com/articles/trumps-china-feud-threatens-5g-growth-in-u-s-11559035804，2019 年 5 月 28 日。

② Rana Foroohar：《全球 5G 争霸赛尚未分出胜负》，https://www.ft.com/content/339c74d8-61ff-11e9-b285-3acd5d43599e，2019 年 4 月 22 日。

③ 《美国—中国：大脱钩》，https://www.oxfordenergy.org/wpcms/wp-content/uploads/2019/07/US-China-the-great-decoupling-53.pdf?v=7516fd43adaa，2019 年 7 月。

④ 参见《财富》世界 500 强排行榜：https://fortune.com/global500/2019/，2019 年。

的依存度相对在下降,而世界对中国经济的依存度相对在上升。①

和谐的摇摆

无论特朗普总统的某些选择带来了怎样的不确定性,毫无疑问中国正在崛起并加强其在国际关系中的地位。西方对中国在世界政治中的新角色的解读存在一个问题,即总是通过摩尼教的"纯粹的善与恶"的视角看待中国。②主流观点认为,中国的崛起可能会伴随着美国的衰落,因此必须制止或阻碍这种不利且危险的发展。曾有人做出最乐观的预测——当然是从西方的视角——美国会继续占据主导地位。迈克尔·贝克利(Michael Beckley)在他最新的著作中就表达了这一立场,他认为美国将保持其领先地位,因为它在区域层面没有竞争对手,而且美国拥有全球

---

① 《中国与世界:理解变化中的经济联系》,麦肯锡全球研究院(Mckinsey)发布的报告,https://www.mckinsey.com/~/media/McKinsey/Featured% 20Insights/China/China% 20and% 20the% 20world% 20Inside% 20the% 20dynamics% 20of% 20a% 20changing% 20relationship/MGI-China-and-the-world-Full-report.ashx,2019年7月。

② 吉迪恩·拉赫曼(Gideon Rachman):《东方化:亚洲的崛起和美国的衰落,从奥巴马到特朗普及以后》,Other Press 出版社 2017 年版。

中国的奇迹——达成理解的必要性

最顶级的公司和大学、充足的自然资源和成功的政治机构。① 不过，无论他得出什么结论，中国都会被视为威胁。

从更现实的角度来看，在新的国际秩序中探讨一方或另一方的统治地位或许是不合时宜且毫无意义的。想让钟摆最终摆向东方或西方、中国或美国是非常困难的。最有可能发生的情况是和谐的摇摆，时而摆向一侧，时而摆向另一侧——与双方每一项成就和政策相对应。即使是在充满困难或危机的时期，中美也需要在反恐、疾病防控和不扩散大规模杀伤性武器等国际利益问题上保持畅通的沟通渠道并进行必要的合作。审慎的领导人可以冷静地通过对话和适当的外交准备来预防军事事故，尤其是在亚洲的战略安全问题上——即使眼下相互猜疑的局面令人不禁联想到"冷战"的那些年。在这种情况下，亨利·基辛格建议将大国的战略平衡与外交合作相结合。②

中国的持续崛起并不一定要与美国的路线或选择挂钩。这是艰苦而系统的复兴大业的结果，也是薪火相传的领导层高瞻远瞩的结果。肩负着民族复兴使命的这一代中国人，对在习近平主席的带领下全面建成小康社会充满了信心。哪怕乔治·凯南（George Kennan）还在世，并写了

---

① 迈克尔·贝克利（Michael Beckley）：《无敌：为何美国仍将是世界唯一超级大国》，康奈尔大学出版社2018年版。
② [美] 亨利·基辛格（Henry Kissinger）：《世界秩序》，企鹅出版社2015年版，第223页。

第五章　国际关系的钟摆

一封针对中国的"长电报",中国崛起的脚步最多也就是在短期内或许会被绊住,但从中长期来看,他绝不会停止。他本就牢固的基础随着时间的推移会更加牢固。这就是为什么钟摆已经开始摆向中国。

欲理解中国的成功,首先我们需要把目光放到中国本身。

第六章　中国与新冠肺炎疫情大流行

中国向来视连续性和稳定性为原则问题。因此，它设法影响了国际关系钟摆的运动，并将其吸引至东方——至少在技术创新层面上。然而，有些意外的发生是始料未及、在所难免的，这些意外往往具有破坏性和打乱政府计划的能力。生活在公元前 6 世纪后期的希腊爱菲斯学派哲学家赫拉克利特（Heraclitus）因其"万物皆流动"的哲学思想而闻名。这一主张相信现实的动态发展而非静态特征的理论在现代引起了共鸣。2020 年的前几个月现在分析起来似乎为时过早，但也不失为一个参考案例。新冠肺炎疫情大流行的暴发严重影响了全球公民的日常生活，进而影响了国际政治。中国作为最早发现并报道新型冠状病毒的国家，立即成为人们关注的焦点。

2019 年是新中国成立 70 周年，而 2020 年则是中国实现第一个百年目标，全面建成小康社会的收官之年。因此，2020 年是在一片乐观中开始的。习近平主席在新年贺

第六章 中国与新冠肺炎疫情大流行

词中重申了中国的承诺,并称2020年为"具有里程碑意义的一年"。他还说"历史长河奔腾不息,有风平浪静,也有波涛汹涌",并表示"我们不惧风雨,也不畏险阻"。① 谁能料到,2020年竟是这般充满狂风暴雨、重重险阻的一年。严重的公共卫生危机首先给了中国沉重的一击。一场没有硝烟的战争必须耐心而果断地打赢。尽管有部分国家表达了对中国政府的声援,但国际声音中更多的是批评,有时甚至伴随着幸灾乐祸。当然,病毒无国界,而这一点,从2020年2月底开始在世界其他地区逐渐显现出来。

新的大流行病

人类历史记录了几种致命疾病。公元前430年,一种瘟疫袭击了雅典市,数千人感染。修昔底德在他的《伯罗奔尼撒战争史》一书中,指出拥挤以及住房和卫生条件不足如何致使疾病更快地传播,从而增加雅典的伤亡人数。世界上第一个民主制国家的领导人、雅典将军和政治家伯里克利亦死于这场瘟疫。其他例子包括公元541年的查士

---

① 《国家主席习近平发表二〇二〇年新年贺词》, https://news.cgtn.com/news/2019-12-31/Full-text-Chinese-President-Xi-Jinping-s-2020-New-Year-speech--MSnhLaJmIE/index.html, 2019年12月31日。

中国的奇迹——达成理解的必要性

丁尼瘟疫、1665 年的伦敦大瘟疫、1817 年的第一次霍乱大流行和 1889 年的俄罗斯流感。20 世纪人类最严重的流行病有二。一是 1918 年的西班牙流感，约 5 亿人感染，全球至少 5000 万人因此丧生。① 二是 1981 年出现的艾滋病，该病最早是在美国男同性恋者身上发现的。②

21 世纪的最初几年，致命疾病亦未曾缺席。严重的案例包括 2003 年发现的重症急性呼吸综合征（SARS）、2009—2010 年的流感疫情（H1N1）以及 2015 年首次发现的埃博拉病毒。但是这些都不及几年后的新冠病毒（COVID-19）疫情来势汹汹。2019 年 12 月，中国湖北省武汉市暴发了病因不明的病毒性肺炎③，世界卫生组织（WHO）表示，2019 年 12 月下旬和 2020 年 1 月上旬的大部分初始病例都与武汉的华南海鲜批发市场有直接联系，该市场出售海鲜以及野生和养殖动物品种。④ 许多初始患

---

① 美国疾病控制与预防中心网站：《1918 年流感大流行的历史》，https://www.cdc.gov/flu/pandemic-resources/1918-commemoration/1918-pandemic-history.htm，2018 年 3 月 21 日。
② 艾滋病病毒网站：《艾滋病病毒和艾滋病时间表》，https://www.hiv.gov/sites/default/files/aidsgov-timeline.pdf，2020 年。
③ 巴斯德研究所（Pasteur Institute）有关新冠肺炎的网站，https://www.pasteur.fr/en/medical-center/disease-sheets/covid-19-disease-novel-coronavirus，2020 年 7 月 29 日。
④ 《SARS-CoV-2 的起源》，https://apps.who.int/iris/bitstream/handle/0665/32197/WHO-2019-nCoV-FAQ-Virus_origin-2020.1-eng.pdf，2020 年 3 月 26 日。

者是华南海鲜批发市场的摊主、雇员或定期访客。对已发表的遗传序列的分析表明，该病毒从动物身上到人类身上的"溢出"发生在2019年最后一个季度。①

关于新冠肺炎起源的猜测越来越多，不过阴谋论始终未被证实。② 例如，2020年3月发表在《自然·医学》上的一项研究结果表明，该病毒是自然进化的产物，而非"实验室构建或有意操纵的"。③ 悉尼大学教授、病毒学家爱德华·霍尔姆斯（Edward Holmes）一个月后发表了一项相关声明。他确认冠状病毒通常发现于野生动植物身上并经常"溢出"到新宿主身上。据此他表示"没有证据表明SARS-CoV-2这一导致人类产生新冠肺炎的病毒起源于武

---

① 《SARS-CoV-2的起源》，https://apps.who.int/iris/bitstream/handle/0665/32197/WHO-2019-nCoV-FAQ-Virus_origin-2020.1-eng.pdf，2020年3月26日。

② 波莉·海斯（Polly Hayes）：《科学家由此得知来自蝙蝠身上的冠状病毒并非出自实验室》，https://theconversation.com/heres-how-scientists-know-the-coronavirus-came-from-bats-and-wasnt-made-in-a-lab-141850，2020年7月13日。

③ 克里斯蒂安·G. 安德森（Kristian G. Andersen）、安德鲁·兰巴特（Andrew Rambaut）、W. 伊恩·利普金（W. Ian Lipkin）、爱德华·C. 霍尔姆斯（Edward C. Holmes）、罗伯特·F. 加里（Robert F. Garry）：《SARS-CoV-2的近端起源》，https://www.nature.com/articles/s41591-020-0820-9，2020年3月17日。

汉的实验室"。① 瑞士病毒学和免疫学研究所的克里斯蒂安·格里奥特（Christian Griot）教授也表示，没有确凿证据可以证明该病毒来自于实验室。②

另一个令人好奇的问题是，最早发现于武汉的病毒是否是造成其他国家暴发该疾病的唯一原因？例如，法国的案例值得关注，因为巴斯德研究所的研究人员分析的早期数据表明，进化枝存在变种。③ 另一项针对纽约的研究表明，旅行者主要是从欧洲和美国其他地区将病毒带到该城

---

① 爱德华·霍尔姆斯教授关于新冠病毒的声明，https://www.sydney.edu.au/news-opinion/news/2020/04/16/COVID-19-statement-professor-edward-holmes-sars-cov-2-virus.html，2020年4月16日。

② 杰里米·威尔克斯（Jeremy Wilks）：《新冠肺炎疫情难题：追踪新冠病毒的起源》，https://www.euronews.com/2020/07/03/pandemic-puzzle-tracing-the-origins-of-covid-19，2020年7月6日。

③ Fabiana Gámbaro、Sylvie Behillil、Artem Baidaliuk、Flora Donati、Mélanie Albert、Andreea Alexandru、Maud Vanpeene、Méline Bizard、Angela Brisebarre、Marion Barbet、Fawzi Derrar、Sylvie van der Werf、Vincent Enouf 和 Etienne Simon-Loriere：《SARS-CoV-2 在法国的引入及早期传播》，https://www.biorxiv.org/content/10.1101/2020.04.24.05976v1.full.pdf，2020年4月24日。

市的,而非亚洲。① 显然,这个问题因其复杂性已超出了本书的讨论范围,它所需要的医学专业知识作者并不具备。世界卫生组织的一个特别代表团将专门负责鉴定和研究该病毒的起源。②

从"非典"到新冠肺炎疫情

自中华人民共和国成立以来,改善中国的健康状况一直是一项艰巨的任务。在联合国儿童基金会等国际组织的

---

① Ana S Gonzalez – Reiche、Matthew M Hernandez、Mitchell Sullivan、Brianne Ciferri、Hala Alshammary、Ajay Obla、Shelcie Fabre、Giulio Kleiner、Jose Polanco、Zenab Khan、Bremy Alburquerque、Adriana van de Guchte、Jayeeta Dutta、Nancy Francoeur、Betsaida Salom Melo、Irina Oussenko、Gintaras Deikus、Juan Soto、Shwetha Hara Sridhar、Ying-Chih Wang、Kathryn Twyman、Andrew Kasarskis、Deena Rose Altman、Melissa Smith、Robert Sebra、Judith Aberg、Florian Krammer、Adolfo Garcia-Sarstre、Marta Luksza、Gopi Patel、Alberto Paniz–Mondolfi、Melissa Gitman、Emilia Mia Sordillo、Viviana Simon 和 Harm van Bakel:《SARS-CoV-2 在纽约市的引入及早期传播》,https://www.medrxiv.org/content/10.1101/2020.04.08.20056929v2,2020 年 4 月 16 日。《纽约时报》也报道了这项研究的结果,卡尔·齐默(Carl Zimmer):《基因组研究显示:大多数纽约新型冠状病毒病例来自欧洲》,https://www.nytimes.com/2020/04/08/science/new-york-coronavirus-cases-europe-genomes.html,2020 年 4 月 8 日。

② 《世卫组织专家将前往中国》,https://www.who.int/news-room/detail/07-07-2020-who-experts-to-travel-to-china,2020 年 7 月 7 日。

中国的奇迹——达成理解的必要性

支持下于 2004 年发布的一份报告表明，尽管数十年来中国的生活条件和医疗质量得到了改善，但在一些农村地区传染病仍十分普遍。2002 年 11 月，冠状病毒家族的新成员 SARS 的暴发暴露了这一弱点。[1] 刚开始时，局势的严重性没有得到充分认识，采取的行动也较为有限。中国政府将抗击"非典"列为优先事项后，在世界卫生组织的密切协调下，病毒开始得到控制。[2] 例如，2003 年 4 月 17 日，中共中央政治局常委会召开防治"非典"的会议，会议强调，要准确掌握疫情，如实报告并定期对社会公布。[3] 数月后，胡锦涛主席公开表示："如果不能有效遏制疫情，让其泛滥开来，甚至扩散到国际社会，那么我们作为中国的领导人，就对不起 13 亿中国人民，也对不起各国人民。"[4]

"非典"的噩梦结束于 2003 年夏天。6 月 24 日，世界

---

[1] Jonathan Schwartz、R. Gregory Evans：《有效政策实施的原因：中国针对非典的公共卫生应对措施》，《当代中国》2007 年第 16 卷第 51 期。

[2] Chee Yam Cheng：《非典——结束语》，《SMA 新闻》2003 年第 35 卷第 3 期。

[3] 雅克·德利斯（Jacques deLisle）：《非典型肺炎与矛盾的法律和政治：SARS 及中国对 SARS 的应对》，https://scholarship.law.upenn.edu/cgi/viewcontent.cgi?article=1979&context=faculty_scholarship，2004 年，第 201 页。

[4] 中国日报网站：《胡锦涛：非典让我心急如焚》，https://www.chinadaily.com.cn/en/doc/2003-10/22/content_274175.htm，2003 年 10 月 22 日。

第六章　中国与新冠肺炎疫情大流行

卫生组织取消了其对北京的旅行限制建议，该建议的初衷是最大程度地减少"非典"在国际上的传播。① 北京是全球最后一个解除旅行限制建议的地区，这时距离病毒首次出现已有八个月之久。接下来的问题是，如何确保"非典"不再发生，类似的问题将来也不会重现。总的来说，"非典"在很大程度上让中国认识到了对卫生部门进行严格审查的必要性。中国政府采取了一系列改革措施，以改善公共卫生服务。此外，中国开始对艾滋病表现出更加积极的态度。② 时任总理温家宝在接受《华盛顿邮报》采访时说，中国促进了"协调发展"。③ 其目的是改善城乡之间的不平衡状况，消除贫困，使公民生活水平超过联合国贫困线标准。

"非典"暴发后，中国的主要关注点是通过投入资金支持早期诊断来预防疾病传播。中美合作为此做出了贡献。2003 年 10 月，时任美国卫生与公共服务部长的汤米·汤普森（Tommy Thompson）访问了北京，并与中国卫

---

① 《世界卫生组织撤销对北京的旅行限制建议》，https://www.who.int/csr/don/2003_06_24/en/，2003 年 6 月 24 日。
② 莎妮·巴塔查里亚（Shaoni Bhattacharya）：《非典刺激中国采取行动应对艾滋病》，https://www.newscientist.com/article/dn6145-sars-spurs-china-to-act-on-aids/，2004 年 7 月 13 日。
③ 对中国总理温家宝的采访，https://www.washingtonpost.com/archive/business/technology/2003/11/21/interview-with-chinese-premie/5a451649-e60d-429f-b550-9df77ca2a099/，2003 年 11 月 21 日。

中国的奇迹——达成理解的必要性

生部签署了医疗卫生合作文件，以继续加强在相关领域的合作与交流。① 中国的新预防措施在 2004 年的禽流感（H5N1）中再次经历了考验。2009 年，中国是世界上第一个针对甲型 H1N1 流感启动大规模疫苗接种的国家。② 2013 年，中国迅速报告了另一种新型禽流感病毒 H7N9，有效阻止了该病毒在中国大陆以外的地方传播。③ 2015 年 10 月，健康中国建设正式写入中国共产党的十八届五中全会公报。④

经过与世界卫生组织和世界银行集团等组织的多年行动与合作，⑤ 中国于 2016 年宣布了"健康中国 2030"蓝图。该蓝图立足于创新、科学发展、公平正义，是中国对

---

① 詹妮弗·布依（Jennifer Bouey）在美国众议院外交事务委员会亚太与不扩散小组委员会听证会上的证词，https://www.rand.org/pubs/testimonies/CT523.html，2020 年 2 月 5 日。

② 理查德·斯通（Richard Stone）：《中国率先启动甲型 H1N1 流感疫苗接种》，《科学》2009 年第 325 卷第 5947 期。

③ 詹妮弗·布依（Jennifer Bouey）的证词，2020 年 2 月 5 日。

④ 国务院新闻办公室发表的《中国健康事业的发展与人权进步》白皮书，http://www.scio.gov.cn/zfbps/ndhf/36088/Document/1612684/1612684.htm，2017 年 9 月。

⑤ 世界银行网站：《健康中国：深化中国卫生体制改革，建设基于价值的优质服务提供体系》，https://www.worldbank.org/en/results/2018/04/16/healthy-china-deepening-health-reform-by-building-high-quality-value-based-service-delivery，2018 年 4 月 16 日。

第六章　中国与新冠肺炎疫情大流行

联合国2030年可持续发展目标的积极响应。① 中国秉持多边主义精神，与美国、欧盟和俄罗斯等国合作。除了对国内的卫生部门进行改革以外，中国还承担了全球卫生治理的责任，并为抗击国际疾病做出了贡献。例如，在2014年西非埃博拉疫情暴发后，中国向其提供了经济援助和技术援助，并派出了医学专家团队。此外，中国还加入了"全球卫生安全议程"，该议程旨在加强各国预防、发现和应对传染病威胁的能力。同样加入该议程的还有美国、英国、法国、德国、意大利、西班牙等国家。② 2016年，中国与世界卫生组织签署了《中国—世界卫生组织国家合作战略（2016—2020）》，确定了双方在卫生政策、规划、技术和人力资源方面的合作。③

中国对世界卫生的贡献也与"一带一路"倡议联系在

---

① 谭晓东、刘向祥（音）、邵海燕（音）：《健康中国2030：医疗保健愿景》，https://www.ispor.org/docs/default-source/publications/newsletter/commentary_health-care_china_2030.pdf?sfvrsn=3b155d92_0，2017年，第112-114页。

② 邦妮·詹金斯（Bonnie Jenkins）：《现在是时候重新审视全球卫生安全议程了》，https://www.brookings.edu/blog/order-from-chaos/2020/03/27/now-is-the-time-to-revisit-the-global-health-security-agenda/，2020年3月27日；全球卫生安全议程网站，https://ghsagenda.org/。

③ 《中国—世界卫生组织国家合作战略（2016—2020）》，https://apps.who.int/iris/bitstream/handle/10665/206614/WPRO_2016_DPM_003_eng.pdf?sequence=1&isAllowed=y，2020年4月。

中国的奇迹——达成理解的必要性

一起。习近平主席于 2016 年 6 月 22 日在乌兹别克斯坦最高会议立法院发表演讲，谈到要着力深化医疗卫生合作，加强在传染病疫情通报、疾病防控、医疗救援、传统医药领域互利合作。他还建议打造一条"健康丝绸之路"。[①] 2017 年 1 月 18 日，世界卫生组织同意共同实施聚焦于卫生的"一带一路"倡议。[②] 时任世界卫生组织总干事的陈冯富珍与习近平主席共同签署了谅解备忘录。几个月后，即 2017 年 8 月，世界卫生组织新任总干事特德罗斯·阿达诺姆·盖布雷耶苏斯（Tedros Adhanom Ghebreyesus）在北京发表讲话时表示，中国提出的这一概念十分具有前瞻性。[③]

尽管前几年中国在卫生方面取得了一些进展，但 2019 年 12 月在武汉暴发的病因不明的新冠肺炎仍令人触目惊心。"非典"暴发后中国卫生部门的改革并不意味着中国已摆脱了作为新兴经济体的重大挑战。在新冠肺炎疫情暴

[①] 《习主席呼吁建设绿色、健康、智力、和平的丝绸之路》，http://www.scio.gov.cn/32618/Document/1481477/1481477.htm，2016 年 6 月 23 日。

[②] 安百杰：《中国与世界卫生组织就打造"健康丝绸之路"签署协议》，https://www.chinadaily.com.cn/business/2017wef/2017-01/19/content_27993857.htm，2017 年 1 月 19 日。

[③] 世界卫生组织总干事特德罗斯博士在"一带一路"暨"健康丝绸之路"高级别研讨会上的讲话：《迈向健康丝绸之路》，https://www.who.int/dg/speeches/2017/health-silk-road/en/，2017 年 8 月 18 日。

发之前发布的2019年全球健康安全指数将应对卫生安全风险的相关能力与收入水平联系在一起，中国的总分在195个国家中位居51位，在早期发现和报告可能引起国际关注的流行病方面位居64位。[1] 尽管公共疾病可以在任何地方蔓延和传播，没有哪个地方可以幸免，就像甲型H1N1流感一样，但是面对这些疾病，欠发达国家往往比发达国家更加脆弱。这一难以忽视的真相于2019年底在武汉得到证实。

中国的应对

为了更好地理解中国对新冠肺炎疫情的应对，我们可以将其分为两个领域和阶段。一是地方一级对问题的诊断，二是国家和国际层面对危机本身的管理。先从地方一级说起，地方政府因缺乏对病毒暴发的认识和准备而备受批评。特别是，中国中部湖北省和武汉市的官员以及中国疾控中心的专家迟迟没有透露情况的严重性。[2] 后果就是，

---

[1] 全球健康安全指数，https://www.ghsindex.org/wp-content/uploads/2020/04/2019-Global-Health-Security-Index.pdf，（"减少核威胁倡议组织"和约翰·霍普金斯大学彭博公共卫生学院），2019年10月。

[2] 《环球时报》网站：《中国公众反思武汉在病毒危机中的表现》，https://www.globaltimes.cn/content/1179602.shtml，2020年2月14日。

中国的奇迹——达成理解的必要性

在政府采取严厉措施之前，许多当地居民被允许出城。他们中的大多数人想返乡庆祝 2020 年农历新年，但本不应获得许可。据估计，封城前已经有 500 万人离开武汉。[1]

因第一阶段的应对不力，[2] 一些当地官员被撤职。[3] 更重要的是，它为这场危机的第二阶段揭开了序幕，这个阶段见证了中国政府前所未有的动员。2020 年 6 月发布的白皮书按时间顺序记录了截止到 2020 年 5 月末的所有行动。[4] 武汉在短短几天内建成了两所医院，分别设有 1000 张和 1600 张病床，并采取了严格的检疫措施，组织完成了大量的检测，对被感染人员和隔离人员进行监测，这些都展示了中国抗疫的决心。1 月 23 日关于"封城"的决定亦

---

[1] 阿什利·科尔曼（Ashley Collman）：《在中国封锁武汉以遏制冠状病毒暴发之前，有 500 万人出城》，https：//www.businessinsider.com/5-million-left-wuhan-before-coronavirus-quarantine-2020-1，2020 年 1 月 27 日。

[2] 新华社网站：《评论：以人民的名义战胜病毒》，http：//www.xinhuanet.com/english/2020-02/11/c_138771965.htm，2020 年 2 月 11 日。

[3] 郭诗贤：《中国因冠状病毒疫情暴发免去两名湖北高级官员职务》https：//www.theguardian.com/world/2020/feb/11/china-fires-two-senior-hubei-officials-over-coronavirus-outbreak，2020 年 2 月 11 日。

[4] 国务院新闻办发布的《抗击新冠肺炎疫情的中国行动》（白皮书），http：//en.nhc.gov.cn/2020-06/08/c_80724.htm，2020 年 6 月 8 日。

第六章　中国与新冠肺炎疫情大流行

是如此。① 中国是第一个向世界展示遏制病毒传播方式的国家。几个月后，该策略已在多个欧洲国家和美国实施。《卫报》称武汉的封锁战略是"有效的"，尽管专家们最初对这一决定感到震惊并表示怀疑。② 而《时代》杂志则称中国的"德拉古式封锁因减缓新冠病毒的传播而获赞"。③

中国的策略中很重要的一部分是与世界卫生组织的密切合作。后者的网站详细说明了关键时段的发展情况。2019年12月31日，世界卫生组织驻华代表处被告知武汉市发现了病因不明的肺炎病例。2020年1月11日至12日，该组织收到了中国国家卫健委的进一步详细信息，即该疫情的暴发可能与华南海鲜批发市场有关。中国当局确定了一种新型冠状病毒，该病毒已于1月7日被分离出来。1月12日，中国分享了新型冠状病毒的基因序列，供各国

---

①　新华社网站:《新华头条:中国采取前所未有的行动，封锁特大城市以遏制病毒蔓延》，http://www.xinhuanet.com/english/2020-01/23/c_138729430.htm，2020年1月23日。

②　艾玛·格雷厄姆·哈里森（Emma Graham-Harrison）、郭诗贤:《中国的冠状病毒封锁策略:残酷但有效》，https://www.theguardian.com/world/2020/mar/19/chinas-coronavirus-lockdown-strategy-brutal-but-effective，2020年3月19日。

③　艾米·冈妮亚（Amy Gunia）:《中国的德拉古式封锁因减缓新冠病毒的传播而获赞。它能适用于其他地方吗?》，https://time.com/5796425/china-coronavirus-lockdown/，2020年3月13日。

171

用于开发特定的诊断试剂盒。[1] 然而这种信息交流并非总能受到赞赏。在西方关于新冠肺炎的言论中,我们时常能听到对世界卫生组织在大流行控制中的作用的批评。[2] 批评的主要内容是没有及时将该流行病称为大流行,以警告危险和恶化的可能性。但是,正如我们将看到的那样,能否成功控制新冠肺炎疫情更多地取决于每个国家各自采用的政府计划的质量。

帮助世界

与"非典"相比,中国对新冠肺炎疫情暴发的反应要好得多,[3] 但同时也暴露了预防能力方面的不足。

---

[1] 《新型冠状病毒(2019-nCoV)状况报告-1》,https://www.who.int/docs/default-source/coronaviruse/situation-reports/20200121-sitrep-1-2019-ncov.pdf,2020年1月21日;有关新冠病毒发现的信息,另请参见巴斯德研究所的更新,https://www.pasteur.fr/en/medical-center/disease-sheets/covid-19-disease-novel-coronavirus,2020年7月。

[2] 参见,例如:萨尔瓦多·巴本(Salvatore Babones):《是的,应归咎于世卫组织对冠状病毒灾难性的应对》,https://foreignpolicy.com/2020/05/27/who-health-china-coronavirus-tedros/,2020年5月27日。

[3] 约翰·恩肯加松(John Nkengasong):《中国对新型冠状病毒的反应与2002年非典暴发时的反应形成鲜明对比》,《自然医学》,https://www.nature.com/articles/s41591-020-0771-1#Sec2,2020年1月27日。

第六章　中国与新冠肺炎疫情大流行

习近平主席没有忽视这些不足,他在 3 月 26 日举行的 20 国集团领导人会议上说,新型冠状病毒"让我们所有人措手不及"。[1] 尽管这种"措手不及"影响了全球几乎所有国家,但中国不得不率先与未知的病毒作斗争,这也为其他国家争取到了宝贵的反应时间。其他政府可以选择在中国最初的"战疫"期间就意识到局势的严峻性,或者无视即将到来的危险,将精力都放在责怪中国上。话虽如此,严峻的现实是,至少在一段时间内,美国、英国以及欧盟等西方国家都陷入了疫情之中,它们忽视了病毒的传播是不分国界的。

从 2020 年 2 月的总体立场来看,西方可能给人的印象是对新冠肺炎疫情感到安全或不太担心。当月 14 日至 16 日召开了以"西方缺失"为主题的第 56 届慕尼黑安全会议,会上集中讨论了新型冠状病毒的暴发。正是在这个重要的国际论坛上,国务委员兼外交部长王毅公开讨论了中国政府如何应对这一问题。[2] 尽管当时中国境外的确诊病例十分有限,但放松警惕并非明智之举。西方媒体纷纷跟风,他们将问题定义为中国人,并将他们的新闻故事置于

---

[1] 中华人民共和国外交部网站:《习近平主席出席二十国集团领导人特别峰会并发表重要讲话》,https://www.fmprc.gov.cn/mfa_eng/zxxx_662805/t1762589.shtml,2020 年 3 月 27 日。

[2] 中华人民共和国外交部网站:《王毅在第 56 届慕尼黑安全会议上发表讲话》,https://www.fmprc.gov.cn/mfa_eng/zxxx_662805/t1746135.shtml,2020 年 2 月 15 日。

中西关系紧张的背景下。新型冠状病毒被视为一个批评中国政府、谴责其做法以及倡导媒体自由的机会，人们的注意力根本没有放在其对全球公共卫生的潜在影响上。西方记者将中国采取的遏制该病毒的措施归因于其不同的政治体系。偶尔表达担忧，也仅仅是因为考虑到中国的疫情对世界经济的潜在影响。[1]

到 2020 年 3 月，中国对新冠肺炎疫情的控制在国内取得了显著成果。到那时，该病毒已经开始袭击包括西方国家在内的世界其他地区。之后，中国政府开始尝试在技术层面上分享经验，例如医生和医务人员如何进行必要的自我保护，并提供口罩、手套、检测试剂盒和呼吸机等医疗援助。作为一个感恩的国家，又在几周前刚刚获得了国际援助，中国不得不以类似的方式来支持其他国家。例如，从 2 月底开始遭受最大损失的欧洲国家意大利几乎立即成为了受援国。中国驻意大利大使馆在社交媒体上发布了这样一条消息："也许你们已经忘了（曾帮助过我们），但我们将永远铭记。现在轮到我们来帮助你们了。"[2] 4 月 20

---

[1] 乔治·N. 佐戈普鲁斯（George N. Tzogopoulos）：《冠状病毒与西方媒体》，https：//besacenter.org/wp-content/uploads/2020/03/1492-Coronavirus-and-the-Western-Media-Tzogopoulos-final.pdf，BESA 中心《观点论文》第 1492 期，2020 年 3 月 19 日。

[2] 乔治·N. 佐戈普鲁斯（George N. Tzogopoulos）：《中国和意大利：永远的朋友》，http://www.china.org.cn/opinion/2020-03/18/content_75829973.htm，2020 年 3 月 18 日。

第六章　中国与新冠肺炎疫情大流行

日，意大利主流民意调查公司之一 SWG 组织的一项民意调查显示，有 52% 的意大利人将中国视为"最好的朋友"，紧随其后的是俄罗斯，受采访者中有 32% 的人认为俄罗斯是"朋友"，而仅有 17% 的人认为美国是意大利的朋友。①

除意大利外，欧洲、亚洲、非洲和美洲还有几个国家也获得了中国的医疗援助。② 希腊也不例外。该国是本书特别关注的国家，因为它与中国同为文明古国，又参与了"一带一路"倡议。2020 年 2 月上旬，希腊前总统普洛科皮斯·帕夫洛普洛斯致信中国国家主席习近平，表示希腊同情因新冠肺炎而遭受惨重损失的中国人民。③ 一个月后，

---

① 尼古拉·卡萨里尼（Nicola Casarini）：《意大利撕裂在中美之间》，https://www.chinausfocus.com/foreign-policy/italy-torn-between-the-us-and-china，2020 年 5 月 20 日。

② 参见黎良福（Lye Liang Fook）《中国对东南亚的新冠肺炎防疫援助：全球不确定性中的不间断援助》，https://www.iseas.edu.sg/wp-content/uploads/2020/04/ISEAS_Perspective_2020_58.pdf，尤索夫·伊萨东南亚研究所：《观点》2020 年第 58 期；约翰·希曼（John Seaman）主编《新冠肺炎和中欧关系：国家层面的分析》，欧洲中国事务智库联盟特别报告，2020 年 4 月 29 日；TASS 网站《中国向俄罗斯提供了逾 20 吨的抗击冠状病毒物资》，https://tass.com/world/1144441，2020 年 4 月 14 日；威尔逊中心网站《在新冠肺炎危机中，中国和美国对拉丁美洲的援助》，https://www.wilsoncenter.org/aid-china-and-us-latin-america-amid-covid-19-crisis，2020 年 8 月。

③ 雅通社网站：《帕夫洛普洛斯总统就中国冠状病毒暴发向习近平主席致信》，https://www.amna.gr/en/article/428399/President-Pavlopoulos-sends-letter-to-Chinese-President-Xi-Jinping-over-coronavirus-outbreak，2020 年 2 月 5 日。

一架载有 18 吨医疗物资的中国飞机抵达雅典。其中 8 吨中国政府提供的，包括 55 万个面罩和外科口罩，以及护目镜、手套和鞋套。其余 10 吨是中国公司和组织捐赠的。①

寻找多边主义

新冠肺炎疫情暴露了国际合作的局限性。尽管世界各国领导人承诺保护公众健康和减少经济损失，但全球公民仍然发现共克时艰是前所未有的困难。毫无疑问，在新冠肺炎疫情暴发后，美国加强了对中国的舆论攻势，导致中美关系进入了一个比 2019 年贸易战时期更为复杂的新阶段。华盛顿方面还不遗余力地拉拢英国和澳大利亚等传统盟友。结果，中英、中澳之间的关系也进入了紧张时期。很快，分歧从疫情蔓延到了 5G 以及香港等问题上。

新冠肺炎疫情显然影响了美国对中国的外交政策，但新的政策并未得到其所有伙伴的呼应。相反，欧盟倾向于表现出较平和的立场，这反映出它有意发挥积极作用。欧盟外交与安全政策高级代表约塞普·博雷利（Josep

---

① 雅通社网站：《中国国航飞机将 18 吨急需的医疗物资运抵雅典》，https://www.amna.gr/en/anaxinhua/article/442089/18-tons-of-urgently-needed-medical-supplies-arrive-in-Athens-aboard-Air-China-plane，2020 年 3 月 21 日；章启月：《挚友如异体同心》，https://www.ekathimerini.com/250880/opinion/ekathimerini/comment/the-single-soul-of-empathy-dwelling-in-our-bodies，2020 年 3 月 22 日。

第六章　中国与新冠肺炎疫情大流行

Borrell)提出了"全球叙事之战",他还表示,全球大流行需要全球解决方案,欧盟必须成为抗疫的中心。① 法国总统伊曼纽尔·马克龙(Emmanuel Macron)同样捍卫了西方民主国家的立场,他避免将不同的治理模式与大流行的成功管理联系起来,并表达了对与中国合作的信心。② 德国总理安格拉·默克尔(Angela Merkel)则选择避免参加有关中国的公开辩论——至少在目前是如此。2020年3月25日,在与习近平主席的通话中,双方表示同意就该病毒进行密切合作。③ 德国外交大臣海克斯·马斯(Heiko Maas)批评了中美两国的反应,并表示这两种体系都不能

---

① 《欧盟外交与安全政策高级代表约塞普·博雷利:冠状病毒大流行及其正在创造的新世界》,https://eeas.europa.eu/delegations/china/76401/eu-hrvp-josep-borrell-coronavirus-pandemic-and-new-world-it-creating_en,2020年3月24日。

② 参见英国《金融时报》采访伊曼纽尔·马克龙的文字整理稿,https://www.ft.com/content/317b4f61-672e-4c4b-b816-71e0ff63cab2,2020年4月17日。

③ 路透社网站:《德国总理默克尔和中国国家主席习近平同意就冠状病毒开展密切合作》,https://www.reuters.com/article/us-health-coronavirus-geramny-china/germanys-merkel-chinas-xi-agree-close-cooperation-on-coronavirus-idUSKBN21C2FN,2020年3月25日。

177

中国的奇迹——达成理解的必要性

"成为欧洲的榜样"。①

在一个充满不确定性和公众担忧的时期，政治化掩盖了对全球解决方案的需求。法国外交大臣让—伊夫·勒德里昂（Jean-Yves le Drian）在一份声明中强调，必须制止所有为了政治目的利用危机的企图。他补充说："为了战胜大流行，现在所有人必须以团结为上。"② 在特朗普总统宣布他打算在4月中旬停止向世界卫生组织提供资金之后，情况变得更加复杂。③ 联合国秘书长安东尼奥·古特雷斯（AntónioGuterres）以及中国、欧盟、俄罗斯等国家对该宣

---

① 克里斯蒂安娜·霍夫曼（Christiane Hoffmann）、克里斯托弗·舒尔特（Christoph Schult）：《外交大臣海克斯·马斯谈冠状病毒：我认为每个成员国首先应当在自己的国家内部采取行动》，https://www.spiegel.de/international/world/german-foreign-minister-heiko-maas-it-s-like-in-an-airplane-everyone-must-first-put-their-own-mask-on-a-7624f3d4-640b-46fe-bd5e-adf7aa4889c5，2020年4月10日。

② 法国欧洲与外交部网站：让-伊夫·勒德里昂在七国集团外长会议上的声明，https://www.diplomatie.gouv.fr/en/coming-to-france/coronavirus-advice-for-foreign-nationals-in-france/coronavirus-statements/article/g7-foreign-ministers-meeting-covid-19-statement-by-jean-yves-le-drian-minister，2020年3月25日。

③ 贝茜·克莱因（Betsy Klein）和珍妮弗、汉斯勒（Jennifer Hansler）：《特朗普停止了对世卫组织在处理冠状病毒暴发方面的资助》，https://edition.cnn.com/2020/04/14/politics/donald-trump-world-health-organization-funding-coronavirus/index.html，2020年4月15日。

第六章 中国与新冠肺炎疫情大流行

告表示批评。① 7月，美国正式通知退出世界卫生组织，这在美国国内也引发了民众沮丧情绪，与此同时，拜登承诺上任第一天将重新加入该组织。②

新的经济环境和"一带一路"倡议

新冠肺炎疫情改变了政府的日常事务和人民的日常生活。该病毒以惊人的速度传播，短时间内使数百万人感染，并使经济活动几乎停滞不前。根据世界银行的数据，大流行预计将使大多数国家在2020年陷入衰退，上一次如此多国家同时陷入衰退是在1870年。③ 2020年第一季度，

---

① 参见联合国网站《古特雷斯：现在不是减少世卫组织抗击新冠肺炎疫情资金的时候》，https://news.un.org/en/story/2020/04/1061762，2020年4月14日；路透社网站《概览：全球对特朗普撤回世卫组织资金的反应》，https://www.reuters.com/article/us-health-coronavirus-trump-who-reaction/factbox-global-reaction-to-trump-withdrawing-who-funding-idUSKCN21X0CN，2020年4月15日。

② 欧洲新闻电视台网站：《特朗普采取措施将美国从世卫组织中撤出》，https://www.euronews.com/2020/07/07/us-officially-withdraws-from-the-world-health-organization，2020年7月8日。

③ 世界银行网站：《新冠肺炎大流行期间的全球经济展望：变化的世界》，https://www.worldbank.org/en/news/feature/2020/06/08/the-global-economic-outlook-during-the-covid-19-pandemic-a-changed-world，2020年6月8日。

中国经济出现了几十年来的首次萎缩，全国 GDP 萎缩了 6.8%。[①] 与此同时，尽管中国的 GDP 从 2018 年的 13.6 万亿美元增至 2019 年的 14.3 万亿美元，同期美国的 GDP 从 20.4 万亿美元增至 21.3 万亿美元，[②] 但正如前一章所述，两国间的货物贸易额已经受到了经贸摩擦的影响，而这一数据在 2020 年上半年继续下降。

表 6-1　　2018 年、2019 年和 2020 年上半年美国自华进口额　单位：亿美元

	1月	2月	3月	4月	5月	6月
2017	413.3	327.8	341.6	374.4	417.5	422.5
2018	457.4	390.0	382.9	382.6	439.3	445.7
2019	415.1	331.5	311.7	346.8	391.7	389.6
2020	332.8	228.1	198.0	310.7	365.9	376.3

（数据来源于美国人口普查局）

表 6-2　　2018 年、2019 年和 2020 年上半年美国对华出口额　单位：亿美元

	1月	2月	3月	4月	5月	6月
2017	99.5	97.3	97.2	98.0	98.8	97.1
2018	99.1	97.4	126.5	105.1	103.9	108.5
2019	71.0	80.8	105.7	78.8	90.6	91.6
2020	72.1	68.1	79.7	86.0	96.4	92.4

（数据来源于美国人口普查局）

---

① 新华社网站：《经济观察：弯而不折：第一季度病痛后中国的经济前景反弹》，http://www.xinhuanet.com/english/2020-04/17/c_138985636.htm，2020 年 4 月 17 日。

② 参见世界银行关于世界各国 GDP 的网站，https://data.worldbank.org/indicator/NY.GDP.MKTP.CD，2020 年。

表 6-3　　2018 年、2019 年和 2020 年上半年美国对华贸易顺差　单位：亿美元

	1月	2月	3月	4月	5月	6月
2017	-313.8	-230.4	-244.4	-276.3	-318.7	-325.3
2018	-358.3	-292.6	-256.4	-277.5	-335.4	-337.1
2019	-344.0	-250.7	-206.0	-267.9	-301.0	-298.0
2020	-260.6	-159.9	-118.3	-224.6	-269.5	-283.9

（数据来源于美国人口普查局）

表 6-1 显示，与 2017 年、2018 年和 2019 年的同期相比，2020 年前三个月即中国疫情最严重的时期，美国自华进口额明显下降，但随后开始回升。如表 6-2 所示，美国对华出口额受到的影响较小。北京方面和华盛顿方面在 1 月中旬就所谓的第一阶段经贸协议达成了一致，根据协议，中国政府将扩大对某些美国产品的采购。[1] 如表 6-3 所示，美国的贸易逆差在过去几年中正在逐渐减少。当然，新冠肺炎疫情对实施第一阶段经贸协议的长期影响尚待评估。[2] 美国政府禁止华为和其他中国公司的订单令事情进一步复杂化。

特朗普政府引入国际事务中的不同的贸易准则，加上

---

[1] 参见美国政府与中国政府之间达成的经贸协议，https://ustr.gov/sites/default/files/files/agreements/phase% 20one% 20agreement/Economic_And_Trade_Agreement_Between_The_United_States_And_China_Text.pdf，2020 年 1 月 15 日。

[2] 彼得森国际经济研究所网站：《中美第一阶段追踪报告：中国对美国商品的采购》，https://www.piie.com/research/piie-charts/us-china-phase-one-tracker-chinas-purchases-us-goods，2020 年 7 月。

国际货币基金组织口中"前所未有的"经济危机,① 在大流行的背景下可能会造成全球损失,并带来无法预测的后果。不平等的加剧似乎是可以预见的。例如,新冠病毒给中国打赢脱贫攻坚战造成了严重的阻碍。用李克强总理的话说,在新冠肺炎疫情发生之前,大约有500万人生活在贫困线以下,但受这次疫情的冲击"可能会有一些人返贫"。② 尽管受到了一些挫折,2020年5月底中国发表的政府工作报告指出,中国依然把坚决打赢脱贫攻坚战、努力实现全面建成小康社会目标任务放在优先位置。③ 中国还承诺在两年内提供20亿美元,以帮助受灾国家(尤其是发展中国家)应对新冠肺炎疫情并促进经济和社会发展。习近平主席在5月第73届世界卫生大会上的讲话中特别强调了非洲。④

---

① 国际货币基金组织网站:《前所未有的危机,不确定的复苏》,https://www.imf.org/en/Publications/WEO/Issues/2020/06/24/WEOUpdateJune2020,2020年6月。

② 中华人民共和国外交部网站:《李克强总理出席记者会》,https://www.fmprc.gov.cn/mfa_eng/zxxx_662805/t1783859.shtml,2020年5月28日。

③ 国务院新闻办网站:《政府工作报告》,http://english.www.gov.cn/premier/news/202005/30/content_WS5ed197f3c6d0b3f0e94990da.html,2020年5月30日。

④ 《环球时报》网站:《习近平主席在第73届世界卫生大会开幕式上的讲话》,https://www.globaltimes.cn/content/1188716.shtml,2020年5月18日。

第六章 中国与新冠肺炎疫情大流行

大流行还对"一带一路"倡议的实施产生了一定的影响。① 眼下经济环境不同于以往且充满不确定性,在此背景下 2019 年之前的进展很难实现。例如,一段时间以来,基础设施项目的工人由于公共卫生问题而被禁止进入施工现场。"一带一路"框架下的物理连通变得极为困难。为阻止病毒的传播,无论是中国还是其他参与国的运输网络都受到了严重影响。游客无法从一个国家前往另一个国家。由于采取了封锁措施,除必要的医疗设备外,国际市场对部分中国产品的需求也有所下降。根据海关总署的数据,与 2019 年同期相比,2020 年第一季度中国的出口额下降了 11.4%。②

财务上的挑战预计会是双重的:一方面,中资银行可能会承受一定的贷款发放压力;另一方面,由于新的经济阵痛,中资银行的债务人在一段时间内很难正常还贷。显然,所有贷款的偿还都是艰难的,无论其来源如何。西方

---

① 参见彼得·J·巴克利(Peter J. Buckley)《中国的"一带一路"倡议与新冠肺炎危机》,《国际商业政策》2020 年第 3 期;Bee Chun Boo、马丁·大卫(Martin David)、本·辛普芬多佛(Ben Simpfendorfer)《新冠肺炎将如何影响中国的"一带一路"倡议?》,https://www.weforum.org/agenda/2020/05/covid-19-coronavirus-disrupt-chinas-bri/,2020 年 5 月 4 日。

② 新华社网站:《经济观察:在新冠肺炎防控下中国 4 月份出口出现反弹》,http://www.xinhuanet.com/english/2020-05/07/c_139037987.htm,2020 年 5 月 7 日。

的一些航空公司，例如德国汉莎航空，① 需要政府的支持才能渡过经济上的难关。在极端的情况下，新的"一带一路"项目的融资不可能奇迹般地保持不受影响。

在2020年5月份的政府工作报告中，中国重申了通过协商与合作以及坚持市场原则和国际规则来实现共同增长的承诺。为此，中国暂停了77个发展中国家和地区的债务偿还，积极推动落实二十国集团针对低收入国家的"缓债倡议"。② 棘手的债务问题可能需要债权人和债务人共同商讨出量身定制的方案来解决。从1964年开始，中国一直根据"八项原则"来管理其对其他国家的经济和技术援助。"八项原则"的理念是周恩来总理访问非洲国家期间提出的，其中，他重点强调了平等互利的重要性，以及中国致力于尽量减少受援国的负担的承诺。③

然而，"大流行"也为"一带一路"的发展提供了机会。挑战固然存在，但其他部门也可能为互联互通做出贡

---

① 欧盟委员会网站：《国家援助：欧盟委员会批准德国60亿欧元的汉莎航空注资计划》，https://ec.europa.eu/commission/presscorner/detail/en/ip_20_1179，2020年6月25日。

② Yun Sin：《中国对非洲的债务减免：新的考虑》，https://www.brookings.edu/blog/africa-in-focus/2020/06/09/chinas-debt-relief-for-africa-emerging-deliberations/，2020年6月9日。

③ 《中国日报》网站：《周恩来宣布了对外援助八项原则》，http://www.chinadaily.com.cn/china/2010-08/13/content_11149131.htm，2010年8月13日。

第六章　中国与新冠肺炎疫情大流行

献。其一，该倡议的数字化程度在封锁期间已提升至新的高度，几乎产生了"虚拟革命"。通过促进生物学家、病毒学家和其他专家之间的交流，新的数字技术在遏制该疾病的国际尝试中变得至关重要。[①] 电子商务也得以蓬勃发展，公民可以远程办公并与家人和朋友保持联系。其二是"健康丝绸之路"，这一概念是习近平主席在新冠肺炎疫情暴发之前就提出的，但在大流行期间经过了实际的检验，正如我们所见，中国政府与世界分享了经验并提供了医疗援助。在此背景下，中国承诺将其国产的新冠肺炎疫苗作为全球公共产品。[②]

总的来说，"一带一路"倡议对于有兴趣参加的国家来说是一个持久、安全和经得起考验的增长引擎。更重要的是，它可能会给世界经济带来急需的动力，并被描述为21世纪具有中国特色的凯恩斯主义。这里面不仅包括新的项目，也包括旧的项目。例如，2019年11月，

[①] 参见胡厚崑《通过数字技术，我们比以往任何时候都更有能力抗击全球大流行》，https://www.weforum.org/agenda/2020/04/through-digital-technology-we-re-better-equipped-than-ever-to-fight-a-global-pandemic/，2020年4月29日；Ou Yangruize《5G在中国抗击新冠肺炎疫情中不可或缺的角色》，https://news.cgtn.com/news/2020-07-09/5G-s-indispensable-role-in-China-s-fight-against-COVID-19-RXRu9TlZ9S/index.html，2020年7月9日。

[②] 新华社网站：《中国将新冠疫苗作为全球公共产品》，http://www.xinhuanet.com/english/2020-06-07/c_139121625.htm，2020年6月7日。

中国的奇迹——达成理解的必要性

习近平主席在新冠肺炎疫情暴发之前的最后一次出访中参观了希腊的比雷埃夫斯港。与 2019 年同期相比，2020 年的前七个月，该港的集装箱吞吐量下降了约 3%，而欧美大型港口的吞吐量下降了约 10%。① 比雷埃夫斯港已经成为 2019 年地中海地区最大的集装箱港口之一，十年前中远集团开始投资时，几乎没人能想到会取得这样的进展。②

结束语：成功的决心

与新冠肺炎疫情的斗争仍在全球范围内继续，危及公共卫生的浪潮迟迟不肯退去。然而，有一个国家的成功已经超越了自己的国界。西方经常因为中国的政治制度不同而批评中国的抗疫方案，但后者在控制病毒方面确实取得了显著的效果，这一点我们从表 6-4 所示的世界卫生组织相关数据中就可以看出来。中国不仅在公共卫生方面采取应对措施，还量身定制了经济扶持政策，使国民经济恢复增长。尽管中国的 GDP 在 2020 年第一季度出现了衰退，

---

① 伊利亚斯·贝罗斯（Ilias Bellos）：《比雷埃夫斯港顺利渡过大流行难关》，https://www.ekathimerini.com/255982/article/ekathimerini/business/piraeus-port-weathers-pandemic，2020 年 8 月 19 日。

② 希腊《每日报》网站：《比雷埃夫斯港成为地中海最佳集装箱处理港》，https://www.ekathimerini.com/252872/article/ekathimerini/business/piraeus-becomes-meds-top-container-handling-port，2020 年 5 月 20 日。

但它在第二季度增长了 3.2%，这标志着全球抗击疫情的重要里程碑。①

表 6-4　截至 2020 年 6 月 30 日各国报告的实验室确认的新冠肺炎病例和死亡人数

	累计确诊病例	累计死亡人数	人口
澳大利亚	7767	104	2546 万
巴西	1344143	57622	2.1171 亿
加拿大	103250	8522	3769 万
中国	85227	4648	13.9 亿
法国	156930	29730	6784 万
德国	194259	8973	8015 万
印度	566840	16893	13.2 亿
印度尼西亚	55092	2805	2.6702 亿
意大利	240436	34744	6240 万
日本	18593	972	1.255 亿
韩国	12800	282	5183 万
俄罗斯	647849	9320	1.4152 亿
沙特阿拉伯	186436	1599	3417 万
西班牙	248970	28346	5001 万
英国	311969	43575	6576 万

① 彭博社网站：《中国经济在全球病毒斗争中恢复增长》，https://www.bloomberg.com/news/articles/2020-07-16/china-s-economy-returned-to-growth-last-quarter-as-virus-eased，2020 年 7 月 16 日。

中国的奇迹——达成理解的必要性

续表

	累计确诊病例	累计死亡人数	人口
美国	2537636	126203	3.2987 亿

（数据来源于世界卫生组织）①

非营利组织民主联盟进行的一项全球调查显示，超过60%的受访者认为中国对新冠肺炎疫情的反应良好，而只有三分之一的人对美国持这种看法。② 修昔底德在《伯罗奔尼撒战争史》中写道，他自己也患过雅典瘟疫：首先得这种病的是比雷埃夫斯的居民，他们以为是伯罗奔尼撒的人在蓄水池中放了毒液。但是后来这种病在上城也出现了，这时候，死亡的人数大大增加。至于这种病症最初是怎样产生的，为什么这种病症对于身体有这样剧烈的影响等问题，我将留给那些有医学经验或没有医学经验的人去考虑。我自己只描述这种病症的现象，记载它的征候；如果它再发生的话，这些知识使人们能够认识它。我自己患过这种病，也看见别人患过这种病。③ 历史自会判断新冠肺炎疫情大流行期间领导人们起到的作用。

---

① 《情况报告—162》，https://www.who.int/docs/default-source/coronaviruse/20200630-covid-19-sitrep-162.pdf?sfvrsn=e00a5466_2，2020 年 6 月 30 日。

② 民主联盟（Alliance of Democracies）网站：《新的全球研究报告-大流行之后，人们想要更多的民主》，https://mailchi.mp/c588011a2174/3mmgu9dqod，2020 年 6 月 15 日。

③ 修昔底德：《伯多罗尼撒战争史》第 2 卷，第 48 节。

2020年7月，哈佛肯尼迪学院发布的一篇政策摘要报告了从2003年到2016年追踪中国公民对政府满意程度的一项独立调查结果。总体而言，中国公民反映，政府提供的医疗、福利和其他基本公共服务与调查开始时相比要好得多，也更加公平。[1] 尽管这项调查是在新冠肺炎疫情暴发之前进行的，但它基本上可以反映中国人民目前的满意度。尽管疫情暴发初期因事发突然有些方面做的不尽如人意，但随后中国政府落实以人为本的理念，将公共卫生和就业放在首位。免费治疗患者和免费进行大规模检测就是有力的佐证。

此外，2020年5月发布的政府工作报告中一个十分值得关注的部分就是国家对年轻人的未来的关心。预计将有874万名学生在今年艰难的经济条件下获得学位，大学、职业学校和地方政府机构将合作为他们提供就业服务。政府对待年轻人的方式表明了政府并不希望看到他们为了生计放弃自己的研究方向和梦想，毕竟年轻人是国家的未来。如果社会上最有才华、最有活力和最有前途的一群人理想破灭，那么损失最大的将是这个国家。遗憾的是，世界上其他一些地区的例子并不这般令人鼓舞。南欧国家，

---

[1] 爱德华·坎宁安（Edward Cunningham）、托尼·塞奇（Tony Saich）、杰西·图瑞尔（Jesse Turiel）：《理解中国共产党韧性：中国民意长期调查》，https://ash.harvard.edu/files/ash/files/final_policy_brief_7.6.2020.pdf，2020年7月。

特别是意大利、西班牙、葡萄牙和希腊，在经济危机期间没能设法支持年轻人。

当然，中国并没有忽略主要由美国造成的西方政治气候的变化。许多针对中国的指控超出了新冠肺炎疫情的范围，触及了其内部事务，尤其是针对一些在自治区发生的暴力骚乱和在香港实施的国家安全法。任何一个经常看国际新闻的人都可以轻松地观察到语气和实践的转变。2020年7月，美国下令关闭中国驻休斯敦领事馆，随后中国关闭了美国驻成都领事馆。西方媒体经常发表和转载美国官员对中国的尖酸言论。理查德·哈斯（Richard Haas）认为，美国政府未能阐明一套逻辑清晰、切实可行的办法来管理对当今时代最具影响力的双边关系。① 凯瑞·布朗（Kerry Brown）认为，西方应该"停止对中国的说教"。②

对于21世纪的西方学者而言，研究中国的发展一直是一项艰巨的任务。中美关系的复杂性要求谨慎处理分歧。

---

① 理查德·哈斯（Richard Haas）：《迈克·蓬佩奥不懂中国、查德·尼克松和美国外交政策》，https://www.washingtonpost.com/opinions/2020/07/25/what-mike-pompeo-doesnt-understand-about-china-richard-nixon-us-foreign-policy/?fbclid=IwAR2tEVUBAGHFjoEimJZTnSbVBl-pzoj1XBOws_ku3MobsvkiOkPXOdD-6V4，2020年7月25日。

② 凯利·布朗（Kerry Brown）：《为什么西方需要停止对中国的说教》，https://www.e-ir.info/2020/08/10/why-the-west-needs-to-stop-its-moralising-against-china/，2020年8月10日。

第六章 中国与新冠肺炎疫情大流行

领导能力仍然是成功的关键,因为潜在的对抗将给国家和世界带来负面影响。[1] 中美关系的稳定是国际社会的呼声,亦是时代大势所趋。[2] 尽管在大流行控制和技术竞争期间紧张局势的加剧引起了一些悲观情绪,两国仍然有可能合作并在相互竞争的同时和平共处。在维护多边主义原则和促进世界和平稳定方面,欧盟和俄罗斯等其他参与者的作用将至关重要。

新冠肺炎疫情后时代的世界将会是何种模样?截至笔者写作时,有关讨论已经开始。亨利·基辛格(Henry Kissinger)认为,新冠肺炎大流行"将永远改变世界"。[3] 供应链的潜在变化以及全球化的本质是需要分析的主题。眼下,抗击新冠病毒的斗争尚未在全球范围内彻底结束,国际环境亦充满不确定性,作者无意在这样的背景下作出预测。总体而言,未知因素似乎要多于已知因素。但是,有一个已知因素是几乎没有争议的,那就是中国成功的决

---

[1] 参见罗伯特·D. 布莱克威尔(Robert D. Blackwill)在美国对外关系委员会(CFR)关于"中国在世界和中美关系中的作用"的讨论中发表的评论,https://www.cfr.org/conference-calls/after-covid-19-chinas-role-world-and-us-china-relations,2020年4月16日。

[2] 参见杨洁篪发表的关于中美关系的署名文章全文,https://www.globaltimes.cn/content/1197044.shtml,2020年8月7日。

[3] 亨利·基辛格(Henry A. Kissinger):《冠状病毒大流行将永远改变世界秩序》,https://www.wsj.com/articles/the-coronavirus-pandemic-will-forever-alter-the-world-order-11585953005,2020年4月3日。

心。如果仔细研究中国的历史，我们就会发现，每当出现挑战时，中国都会变得更加强大和团结。中国之所以能够屡屡创造奇迹，是因为它走出了一条适合自己的道路。正是这条道路使中国不惧未来可能面临的一切挑战。